KB239025

10대, 도전하라

네 꿈을
정복하라

세계의 역사를 변화시킨 사람들의 열정적이고 희망적인 이야기

10대, 도전하라

네 꿈을 정복하라

김옥림 지음

미래북

삶은 원하는 대로 이루어진다!

우리들의 삶은 참으로 귀한 것입니다.

삶은 어느 누구에게나 그 무엇으로도 바꿀 수 없는 가치를 지니고 있습니다. 그러기에 삶을 함부로 할 수 없고, 또 함부로 해서도 안 됩니다. 그런데 어떤 이들은 성공적인 삶을 살고, 또 어떤 이들은 비참한 삶을 살기도 합니다. 바로 어떤 삶을 사느냐, 즉 삶의 방식의 차이가 이런 결과를 만드는 것입니다.

성공적인 삶을 살았거나 살고 있는 사람들에겐 다음과 같은 공통점이 있습니다.

첫째, 열정의 에너지를 갖고 끊임없이 자신의 목표를 향해 달려갔습니다.

둘째, 남을 배려하는 따뜻한 인간애를 가지고 있었습니다.

셋째, 실패를 전혀 두려워하지 않았고, 그 실패까지도 감싸 안았습니다.

넷째, 독서를 즐기고 책 속에서 지혜를 구했습니다.

다섯째, 정직하고 용기 있으며 책임 있는 자세로 일관했습니다.

여섯째, 자신보다는 모두를 생각하는 열린 사고를 갖고 있었습니다.

일곱째, 신념과 의지와 개성이 뚜렷했고, 창의력이 풍부했습니다.

작은 것 하나도 그냥 이루어지는 것은 없습니다. 간혹 있다고 해도 그것은 가치를 말할 수 있을 만큼 큰 의미를 주지 못합니다. 그러나 참된 성공은 모두에게 감동을 주고, 꿈을 주고, 삶의 목표를 줍니다. 아름다운 성공 뒤엔 그에 따른 노력과 열정이 있고, 실패를 딛고 일어서는 용기와 의지와 지혜가 숨 쉬고 있기 때문이지요.

청소년기는 인생에 있어 가장 소중하고 아름다운 시기입니다. 그 이유는 인생의 모든 것이 결정되는 때이기 때문입니다. 이 책은 정치, 문학, 음악, 미술, 스포츠, 경제, 대중 예술, 과학, 사상 등 모든 분야에서 세계적으로 뛰어난 성공을 이룬 사람들이 주는 '삶의 지혜'를 구체적이고 경험적인 실례로 담아내고 있습니다. 인생을 설계하는 우리 청소년들에게 많은 도움이 되리라 믿습니다.

이 책《삶은 원하는 대로 이루어진다》가 자신의 확고한 꿈을 세우고, 신념과 의지와 간절한 열망으로 그 꿈을 반드시 이루는 데 작은 도움이 되기를 바랍니다.

가장 아름다운 날에
초우당에서 김옥림

Contents

Chapter 3 _ 예술은 인생보다 길다

세계에
평화를 주소서

Chapter 1

성공은 성적순이 아니다

윈스턴 L. 스펜서 처칠 Winston Leonard Spencer Churchill (1874~1965)
영국 수상을 두 번이나 지낸 영국의 대정치가, 명연설가
주요 저서 : 《제2차 세계대전 The Second World War》으로 노벨 문학상 수상

성공은 성적순이 아니다

사람들은 흔히 성공한 사람들은 공부를 잘했을 거라는 편견을 가지고 있습니다. 사람들이 그렇게 생각하는 것도 무리는 아닙니다. 실제로 성공한 사람들 중에 많은 이들이 공부를 잘했으니까 말입니다. 하지만 모두가 그런 것은 아니었습니다. 성적이 반드시 성공의 보증수표는 아닌 셈이지요.

공부를 못하고도 인류 역사에 길이 남을 대표적 인물이 된 사람이 있습니다. 바로 영국의 수상을 두 차례나 지낸 대정치가 윈

13

스턴 처칠입니다. 그는 영국 명문 귀족인 말버러가의 후손으로 태어났습니다. 대개의 귀족 자녀들이 공부를 잘했던 것과는 달리 처칠은 지독히도 열등생이었습니다. 해로우 공립학교 입학 당시 꼴등이었을 정도로 말입니다. 결국 부모님의 바람대로 대학에 진학할 수가 없었던 그는 고민 끝에 샌드허스트 육군사관학교를 선택합니다. 하지만 육군사관학교도 그의 성적으로는 결코 만만한 대상은 아니었습니다. 두 번이나 떨어졌고, 세 번째 도전에서 겨우 합격할 수 있었지요.

믿을 수 있으십니까? 그토록 유명하고 훌륭한 정치가 처칠이, 세계대전의 참화 속에서 영국을 이끌던 위대한 지도자가 학교에 꼴등으로 입학하고, 부모님이 원하는 대학은 가지도 못했으며, 육군사관학교마저도 세 번의 도전 끝에 겨우 입학했다는 사실을 말입니다. 그러나 그것은 엄연한 사실입니다.

잘생긴 얼굴도 아니고 공부도 못한 처칠은 지금으로 보면 아주 별 볼일 없는 학생이었던 겁니다. 그러나 그의 내면 깊숙이에는 다른 학생들과는 다른 무언가가 있었습니다. 강한 불굴의 의지와 신념이 그것이었습니다. 또 그는 자신이 무엇을 해야 자기 자신과 부모님뿐만 아니라 민족과 조국 앞에 부끄럽지 않은 사람이 될 수 있을까 하고 진지하게 고민했습니다. 그의 가슴은 그런 생각으로 항상 뜨겁게 불타올랐던 겁니다.

평범함 속에 비범함이 번뜩이다

성공한 사람들은 비록 공부는 못했다 하더라도 다른 사람에게는 없는 그들만의 특성이 있었습니다. 말하자면 평범함 속에 비범함이 숨어 있었던 것이지요.

처칠 역시 남과는 다른 비범함이 넘치는 사람이었습니다.

그에게는 상대방을 자신의 편으로 만드는 진지한 설득력과 강한 리더십이 있었습니다. 그리고 사람들의 마음을 읽고 그 사람 입장에서 생각하고 배려할 줄 아는 포용력에 너그러운 성품을 가진 사람이었습니다. 게다가 뛰어난 글솜씨까지 지니고 있었습니다. 비록 공부는 못했지만 공부를 해도 도저히 따라올 수 없는 공부 외적인 조건은 두루 갖추고 있었던 겁니다. 즉, 성공할 수 있는 잠재적 요건이 내재되어 있었던 것입니다.

하지만 아무리 많은 성공의 잠재적 요건을 갖추고 있다 하더라도, 그것을 발현시켜나갈 노력과 열정이 없다면 아무 의미가 없습니다. 처칠처럼 말입니다.

처칠은 자신에게 숨겨져 있는 재능이 발현되도록 많은 노력을 기울였습니다. 전쟁에 나가서는 죽을 고비를 숱하게 넘기면서도 몸을 아끼지 않고 싸웠고, 정치에 참여하면서는 화합과 결속력을 이끌어내기 위해 자신의 신념을 바쳐 사람들을 이끌었습니다. 그런 그의 부단한 노력과 뜨거운 열정은 수많은 경쟁자들 속에서 그를 단연 돋보이게 했고, 그의 강한 신념과 카리스마는 영국 국민들을 감복하게 만들었습니다. 그래서 마침내 국민들의 열화와 같은 지지 속에서 영국의 수상이라는 자리에 오릅니다.

처칠의 능력은 제2차 세계대전을 치르면서 더욱 강력하게 발휘되어 연합국의 대표적인 지도자로서 이전의 그 누구도 흉내낼 수 없는 멋진 활약을 보이며 전 세계에 자신의 이름을 뚜렷이 각인시켰습니다.

그뿐이 아닙니다. 그는 명연설가이기도 했습니다. 영국 국민들은 물론 세계인이 그의 연설에 큰 감동과 신뢰를 얻었던 겁니다. 또한 《제2차 세계대전》을 집필하여 문학성을 인정받았는데, 그 결과 문학가가 아니면서도 노벨 문학상을 수상하는, 노벨 문학상 역사상 전무후무한 특이한 이력을 남긴 인물이 되었습니다.

뛰어난 식견과 임기응변

식견이 남다르다는 것은 그만큼 폭넓은 지혜와 지식을 갖고 있다는 것을 의미합니다. 사물의 이치를 꿰뚫어보는 눈, 즉 어떤 일에 있어서의 가치성을 판단하는 능력은 깊이 있는 식견에서 오는 것이기 때문입니다. 따라서 식견은 사람의 능력을 판단하는 기준이 되기도 합니다.

지도자라는 위치에 선 사람들을 보면 대체로 폭넓은 지식과 아울러 넓은 신격을 가지고 있었습니다.

처칠도 그런 사람 중에 하나였습니다. 그가 그렇듯 넓은 식견을 가질 수 있었던 것은 독서를 많이 했기 때문입니다. 그는 대단한 독서광이었습니다. 양뿐만 아니라 종류를 가리지 않고 읽어댄 것으로도 유명합니다. 그런 다양하고 풍부한 독서가 그를 지성인으로 만들었던 것이지요.

그런데 사람이 살다 보면 전혀 예상치 못했던 일에 처할 때가 있습니다. 이런 경우 어떤 사람은 당황하여 어쩔 줄 몰라 쩔쩔매는가 하면 어떤 사람은 당황하는 기색하나 없이 미소까지 지어가며 자연스럽게 그 일을 피해가거나 해결해나갑니다. 그것은 바로 임기응변에 능한가, 능하지 못한가의 차이입니다 그런 면에서 보면 처칠은 임기응변에 아주 능한 사람이었습니다. 처음 경계에 내딛었을 때 그는 당 지도층과는 다른 주장을 펴 곤경에 빠졌습니다. 그가 주장하던 자유무역은 당 지도부의 주장과는 반대되는 의견이었던 겁니다. 때문에 심한 반대에 부딪혔고, 결국엔 신념을 실현시키기 위해 자신과 뜻을 같이하는 자유당으로 당을 옮겼습니다. 그러나 그 후 자유·보수의 양당 연립체제가 무너지고 총선에서 낙선까지 하자 다시 보수당으로 옮겼고, 그곳에서 비로소 하원의원에 당선됩니다. 이렇듯 그는 조국과 국민을 위한 자신의 신념을 위해 자신을 내버리고 위기에 대처하는 나름의 능력을 발휘했습니다. 임기응변이라는 또 하나의 재능을 가지고 있었던 겁니다.

　　처칠은 성적으로만 보면 문제아였습니다. 그러나 지도자가 갖추어야 할 포용력과 너그러운 성품, 강한 신념과 의지를 가지고 있었고, 풍부한 독서를 통해 길러진 해박한 식견과 지혜, 위기에 대처하는 탁월한 임기응변, 그리고 사람을 사로잡는 화술도 지니고 있었습니다. 거기에 뜨거운 열정을 가지고 끊임없이 노력했습니다. 그 결과 두 차례나 수상이 되는 대정치가가 되었던 것입니다.

오늘날 처칠은 영국 국민들로부터 가장 존경과 사랑을 받고 있습니다. 뿐만 아니라 세계적으로는 인류와 평화를 위해 최선을 다한 인물로서 평가받고 있습니다.

처칠's 생각의 노트

공부를 잘해야 성공할 수 있다는 것은 편견일 뿐입니다. 시대착오적인 발상입니다. 우리 마음속에서 가장 먼저 버려야 할 편견이 있다면, 그것은 바로 공부를 잘해야 성공할 수 있다는 생각입니다.

공부는 못한다고 포기하지 마십시오. 대신 자기만의 특성을 계발하십시오. 그것만이 여러분을 성공적인 인생으로 이끌 것입니다. 하지만 더욱 중요한 것은 자신의 특성을 계발하기 위해서는 강인한 신념과 의지로써 최선의 노력을 다 해야 한다는 사실입니다. 그 어떤 성공도 노력 없이 된 것은 하나도 없습니다.

그리고 책을 많이 읽어야 합니다. 책 읽는 머리와 공부 머리는 다릅니다. 공부는 잘 못했지만 책을 많이 읽은 사람은 훌륭한 작가도, 훌륭한 정치인도, 훌륭한 CEO도 되었다는 것을 알아야 합니다. 책 속에 삶의 길이 있고, 성공의 지혜가 숨 쉬고 있습니다. 더구나 재산과 명예는 사라지면 그만이지만 머릿속의 지식은 온전히 자신의 것입니다. 자신이 진정 성공하고 싶다면 책을 손에서 놓지 마십시오.

인도 건국의 아버지

마하트마 간디 Mahatma Gandhi (1869~1948)
무저항주의를 표방한 인도의 민족운동 지도자
주요 저서 : 《인도의 자치 自治》,《윤리종교》

소심하고 유약한 성격의 간디

인도의 서쪽 카티아와르 번왕국, 포르반다르의 명문 가에 한 사내아이가 태어났습니다. 아이의 아버지는 재상이며 부호였기 때문에 아이는 무엇 하나 부족한 것이 없었습니다. 아 이는 매우 조용한 소년으로 자랐습니다. 매우 소심했고, 때문에 두려움도 많았습니다. 하지만 언제나 정직했고, 강직했습니다. 그가 바로 인도 독립의 지도자이자 건국의 아버지, 간디입니다.

간디는 어린 시절 부모로부터 힌두교 자이나파의 교육을 받았습니다. 그러다 미래를 위해 영국으로 유학을 떠나게 됩니다. 그는 런던 대학에서 법률을 공부했습니다. 하지만 생활은 순탄치 않았습니다. 머나먼 식민지에서 온 그가 영국인들 눈에는 곱게 보이지 않았던 것입니다. 간디는 그들의 멸시와 차별을 고스란히 견뎌야만 했습니다.

졸업 후 그곳에서 변호사가 될 수 있었던 그였지만 모든 것을 접고 조국 인도로 돌아갑니다. 그리고 봄베이 법원 관할하에서 변호사 사무소를 차리고 일을 시작하였습니다.

그런데 그는 항상 가슴 한쪽이 텅 빈 것처럼 서늘했습니다. 조국을 위해 뭔가 해야 한다고 생각하면서도 막상 아무것도 하지 않고 있었기 때문이었습니다. 그러던 중 그런 간디의 일생을 바꾸어놓는 운명적인 사건이 일어났습니다.

1893년이었습니다. 간디는 소송을 하나 의뢰받아 부인과 함께 남아프리카 더반으로 가게 되었습니다. 당시 남아프리카에는 약 7만 명의 인도인 거주하고 있었는데 백인들에게 심한 박해를 받고 있었습니다. 어쨌든 그곳에 도착한 간디는 갔던 일을 잘 마치고 인도로 가기 위해 열차를 타게 되었습니다. 그런데 백인들이 열차에 타는 것을 막고 나섰습니다. 변호사 자격증을 보여도 봤지만 끝내 역 밖으로 내동댕이쳐지는 수모를 당하고 말았습니다. 그제야 간디는 인도인들이 겪고 있던 수모의 고통을 뼈저리게 깨닫게 됩니다. 그리고 그들의 인권을 보호하기 위해 싸우겠다고 결심하기에 이릅니다. 남아프리카 백인들 밑에서 신음하고 있던 7만의 인도인을 위해 적극적으로 싸우기고 한 것입니다. 인도인의 권리를 되찾고 인종차별을 막아내기로 결심을 한 것입니다. 비로소 톨스토이주의에 입각한 비폭력 투쟁의 계기를 마련하게 된 것입니다.

인종차별에 반대한 민족지도자 간디

　남아프리카에서 백인들에게 심한 수모를 당한 후 간디는 변했습니다. 소심했던 성격은 대담하고 투철하게 바뀌었습니다. 그는 적극적으로 인도 노동자들에 대한 학대 및 인두세를 철폐할 것을 주장하고 나섰습니다. 또 당시 인도인들은 주 입법의원 선거에 참여할 권리가 없었습니다. 간디는 이를 공식적으로 항의하였고, 기어이 참정권을 획득하는 데 성공했습니다. 이 일을 계기로 간디는 그의 이름을 널리 알리게 되었습니다.

특히 1913년, 44세가 된 간디는 트란스발 주정부가 인도인의 이민 제한을 위해 부과한 지문 등록을 거부하는 등 악법에 반대하며 나탈 주에서 트란스발 주까지 행진을 해서 세계인의 이목을 집중시켰습니다. 이 행진이 바로 '사티아그라하 행진'입니다. 비록 간디를 비롯한 행진 참가자 4천여 명은 모두 남아프리카 당국에 체포되었으나, 세계 여론의 동정을 모은 덕분에 당국은 간디의 요구를 받아들이고 말았습니다. 즉, 아시아인 구제법이 제정되어 인도인에 대한 차별법이 모두 폐지된 것입니다.

제1차 세계대전이 일어나자 그는 1915년 인도로 돌아왔습니다. 그리고 정치적인 운동 대신 토지 분쟁과 같은 일에만 전념했습니다. 하지만 곧 민족에게 눈을 돌렸고 민족해방운동을 이끌게 되었습니다. 처음에 그는 인도가 하루라도 빨리 독립하기 위해서는 영국의 입장을 지지해야 한다고 생각했습니다. 그러나 전쟁이 끝난 후 영국은 그를 배신했고, 1919년에는 '롤라트 법안'과 같은 반란진압에 관한 조령을 시행하여 독립운동을 금지하고 나섰습니다. 이에 간디는 또 다시 '사티아그라하 운동'을 전개했습니다. 인도의 여러 곳을 순회하며 국민들에게 운동에 동참할 것을 호소했습니다.

그 후 간디는 영국에 대한 비협력운동 방침을 세우고, 납세 거부, 취업 거부, 상품 불매 등의 운동을 통한 비폭력저항을 시작했습니다. 이에 인도 전역에 비협력운동이 선언되고, 불매운동이 전개되었습니다. 그런데 이 운동을 하던 중 인도 각지에서 유혈 사태가 일어났습니다. 결국 간디는 1922년 국민들에게 호소하였고, 운동은 잠시 중지되었습니다. 그러나 간디는 그 책임을 물어 투옥되고 말았습니다.

간디는 석방된 후 인도 국민회의파의 의장으로 선출되었습니다. 그가 이번에 주장한 것은 인도인 자력으로 농촌을 구제하자는 것이었습니다. 그는 인도 전역을 돌며 자신의 주장을 펼쳤습니다. 하지만 이 일로 간디는 다시 투옥되고 말았습니다. 1년 후 석방된 간디는 어윈 총독과 의견 절충을 시도하여 '간디어윈 협정'을 체결함으로써 영국에 대한 불복종운동(반영불복종운동)을 중지시켰습니다. 그러나 영국은 또 다시 약속을 어겼습니다. 그들은 협정을 무시하고 인도인을 탄압했던 것입니다. 간디는 중지했던 불복종운동을 재개하였고, 그 결과 또 다시 감옥으로 끌려갔습니다. 1932년 석방된 후에도 간디는 변함없이 자신의 의지를 불사르며 운동을 펼쳐나갔습니다.

그러던 중 제2차 세계대전이 일어났습니다. 이에 영국은 인도인들에게 동의도 구하지 않고 인도를 전쟁에 투입시켰습니다. 처음에 인도인들은 완전한 독립을 조건을 내걸고 항변했지만 타협이 이루어지지 않았고, 때문에 영국 세력의 즉시 철퇴라는 목적 아래 대대적인 반영불복종운동을 진행시키기에 이르렀습니다. 이 운동의 정신적 지도자였던 간디는 이 일로 인해 73세라는 고령에도 불구하고 다시 투옥되었습니다. 그는 그로부터 1년 9개월 동안 감옥에 있었습니다.

75세가 된 간디. 그는 여전히 인도의 독립을 위해 헌신했습니다. 그가 가진 조국 독립에 대한 열정은 끝이 없었습니다. 그런 그의 모습엔 성자와 같은 의연함과 카리스마가 넘쳐흘렀습니다. 그리고 1947년, 그가 78세가 된 해에 마침내 영국은 인도에서 물러갑니다. 그가 그렇게 소망했고, 전 인도인이 간절히 원했던 독립이 쟁취된 것입니다. 그러나 독립의 기쁨도 잠깐, 힌두교과 이슬람의 대립으로 인도는 다시 갈등에 휩싸였고, 간디는 민족의 융화를 위해 다시 거리로 나섰습니다. 그러다 1948년 1월, 그의 주장에 불만을 품은 이슬람 극우파 청년이 쏜 총에 쓰러지고 말았습니다. 그때 그의 나이 79세였습니다.

무저항주의를 만들고 실천한 간디

지금 우리는 간디가 창설하고 실천한 그만의 사상을 특별한 이름으로 부르고 있습니다. '간디주의'가 그것입니다. 비폭력 무저항주의를 이르는 말이지요. 간디는 인종차별과 인권 유린을 예사로 하는 영국에 대해 끊임없이 항변했습니다. 그리고 지칠 줄 모르고 투쟁을 전개했습니다. 그런데 그의 투쟁은 다른 것들과 달랐습니다. 그것은 전 세계에서 유래가 없었던 새로운 투쟁 방법이었습니다. 바로 비폭력을 중심으로 전개되는 무저항주의를 탄생시킨 것입니다. 그리고 간디는 그것으로 마침내 인도의 독립을 이끌어냈습니다.

그런 간디에게 인도의 시성 타고르는 '마하트마(위대한 영혼)'라는 새로운 이름을 주었습니다. 그 후로 그는 그의 아버지가 주신 이름 대신 마하트마 간디로 불러지게 됩니다. 그는 비록 가고 없지만 간디는 지금도 인도 건국의 아버지로 인도 국민의 가슴에 남아 있고, 영원한 평화주의자로 살아 숨 쉬고 있습니다.

간디's 생각의 노트

간디는 소심한 성격이었지만, 조국의 독립을 위해 자신의 성격을 적극적으로 바꿨고, 이를 바탕으로 신화와 같은 삶을 살았습니다. 그의 삶을 보면 소심한 성격의 사람도 얼마든지 자신의 의지에 따라 변할 수 있다는 것을 깨닫게 됩니다. 그는 그것을 온 생애로 가르쳐준 인생의 등불과도 같은 존재입니다.

또 간디는 폭력 없이도 얼마든지 저항운동을 할 수 있다는 전례를 남겼습니다. 즉, 투쟁이라는 낱말이 가지고 있는 극단적이고 폭력적인 이미지를 무저항주의라는 평화적 이미지로 바꿔놓았던 것입니다. 그의 무저항주의는 간디주의를 만들어내며 전 세계인의 가슴에 숭고한 투쟁의 방식을 깊이 새겨넣었습니다.

간디는 박애주의자였고, 평화주의자였습니다. 이것은 인간을 아끼고, 인권을 존중하는 그의 정신에서 출발했습니다. 사람이 사람을 사랑하는 것, 그리고 인간답게 사는 것, 그것이 진정 사람의 일이라는 것을 보여준 그는 지금도 전 세계인의 가슴에 감동으로 남아 있습니다.

최선은 언제나 최고를 이룬다

프랭클린 D. 루스벨트 Franklin Delano Roosevelt (1882~1945)
미국 4선 대통령, 경제 대공황 때 뉴딜정책을 편 대정치가

겸손과 덕을 갖춘 인간성

사람들은 겸손한 사람을 좋아합니다. 겸손하고 예의 바른 사람들을 보면 친근감이 가고 믿음이 가기 때문입니다. 거기다 덕까지 갖춘다면 존경까지 하게 되지요. 그 사람을 신뢰하게 되는 것입니다. 이렇듯 겸손과 덕은 사람이 지녀야 할 근본이지만, 겸손과 덕을 갖추기란 쉽지 않은 일입니다.

미국 32대 대통령 루스벨트는 겸손과 덕을 갖춘 사람이었습니다. 자신의 부하직원이나 가족, 그리고 자신보다 손아래 사람들에게 겸손한 자세로 덕을 실천했던 것입니다. 뿐만 아니라 작은

일에도 세심한 관심을 보인 것으로도 유명합니다. 그래서 사람들로부터 존경을 한 몸에 받았습니다.

실패를 승리의 에너지로 삼다

루스벨트는 미국 역사상 최초로 네 번이나 대통령이 된 사람입니다. 그러나 루스벨트의 인생이 언제나 승승장구했던 것만은 아닙니다. 역사적으로 볼 때 성공한 인생을 산 사람들 중에 시련과 고난을 겪지 않은 사람이 단 한사람도 없었다는 것을 상기한다면 그의 시련이 특별한 것은 아닙니다. 그럼 루스벨트는 어떤 시련을 이겨냈던 것일까요?

루스벨트는 윌슨 대통령 재직 시절 해군 차관을 거쳐, 1920년 대통령 선거에서 민주당 대표로 출마했습니다. 그러나 결과는 참패였습니다. 게다가 설상가상으로 소아마비에 걸려 병마와 싸우지 않으면 안 되는 어려운 나날을 보내야만 했습니다.

연속적인 고난은 그를 고통의 바다 속으로 빠뜨렸습니다. 그는 갈등했습니다. 이대로 주저앉느냐, 그렇지 않으면 다시 일어서야 하느냐? 그만큼 선거에서의 패배와 소아마비라는 병마와의 싸움은 견딜 수 없는 고통이었던 것입니다. 하지만 그는 이대로 무너진다면 그건 자신이 영원한 인생의 패배자가 된다는 것을 잘 알고 있었습니다. 그래서 그는 이를 악물었고, 초인적인 인내심을 발휘했습니다. 병마로 인해 비록 불편한 몸이 되었지만 이에 굴하지 않았습니다. 그리고 마침내 일어났습니다. 1928년 대통령 선거에서 대통령 후보였던 스미스를 위해 멋진 활약을 했을 뿐만 아니라 스스로는 뉴욕 지사에 당선되었던 것입니다.

지사가 된 루스벨트는 자신의 당선을 위해 표를 준 사람들을 위해 목숨을 바쳐 최선을 다 할 것을 굳게 다짐했습니다. 그리고 그 결심대로 열성적으로 일했습니다.

기회는 다시 그를 찾아왔습니다. 열심히 일한 그에게 대통령이 될 수 있는 기회가 주어진 것입니다. 그 당시 미국은 극심한 경제 불황을 겪고 있었습니다. 따라서 그가 공약으로 내세운 '뉴딜(New Deal)' 정책은 국민들의 지지를 받았고, 그 결과 루스벨트는 1920년의 참패를 딛고 압도적인 표차로 대통령에 당선되었습니다.

결과적으로 그에게 주어진 고난과 역경은 그에게 불굴의 힘이 되었던 것입니다. 그의 불굴의 정신 앞에서는 고난이란 한낱 바람에 날리는 먼지와 같았습니다. 그에게 내려진 천형과도 같은 소아마비 역시 오히려 그를 더욱 겸손하고 고매한 인품의 소유자로 만들어주는 계기가 되었습니다.

루스벨트는 이런 말을 했습니다.

"나는 젊었을 때 정치에 뜻을 두었는데 실패도 많이 했고, 때문에 고통스러운 일도 많이 겪었다. 하지만 난 거기에 굴하지 않고 열심히 노력했고, 마침내 대통령이 될 수 있었다. 생각해보면 내 삶은 일곱 번 넘어지고, 여덟 번 일어났던 것이다."

그는 이 말을 통해 자신의 성공은 수많은 실패와 고통 속에서 이루어진 것이라고 고백했던 것입니다. 이 말은 인생을 성공으로 이끈 그의 말이기에 더욱 설득력이 있습니다. 때문에 지금도 많은 사람들이 귀감으로 삼고 있습니다.

실패 없는 성공은 그 어디에도 없습니다. 모든 성공은 실패를 딛고 오기 때문입니다.

비전을 투시하는 예리한 판단력

루스벨트의 성공의 비결은 끝없는 도전 정신과 새로운 비전에 대한 예리한 판단력, 그리고 남의 의견을 존중하고 평화와 자유를 사랑하는 따뜻하고 부드러운 인간애에 있었습니다.

그는 평화주의자였습니다. 언제나 약자를 보호했고, 전쟁을 증오했습니다. 그리고 언제나 국민의 자유와 권리를 생각했습니다. 그랬기 때문에 미국을 극심한 경제대란으로부터 구해낼 수 있었던 것입니다. 바로 국민과 국가에 미래를 위한 꿈을 확실하게 심어준 것이지요.

그는 일찍이 '언론의 자유', '신앙의 자유', '결핍으로부터의 자유', '공포로부터의 자유'라는 네 가지 원칙을 세웠습니다. 그리고 민주국가가 하나로 뭉쳐 이 네 가지 자유를 구현하고 세계를 재건해야 한다고 호소했습니다. 이 네 가지 자유는 훗날 1941년 '대서양 헌장', 1942년 '연합국 공동선언'을 거쳐, 국제연합(UN) 헌장의 인권 조항이 되었고, 1948년에는 국제연합(UN) 총회에서 '세계인권선언'의 전문으로 채택되는 영광을 안게 됩니다.

거듭된 실패와 소아마비라는 신체적 장애, 이 같은 최악의 상황에서 그는 좌절하지 않았습니다. 불굴의 의지와 믿음, 겸손과 온유한 미덕, 그리고 끊임없는 창의력을 바탕으로 비전을 제시했고, 그 결과 자국은 물론 세계인류평화와 자유를 드높이는 역할을 했습니다. 바로 루스벨트는 성공은 거저 이루어지지 않는 다는 것을 온몸으로 보여준 것입니다. 루스벨트야말로 인생의 진정한 승리자였습니다.

루스벨트's 생각의 노트

정상에 오른 사람들은 자신이 지닌 재능을 믿기보다는 자신들의 열정을 더 믿었습니다. 꾸준한 노력과 실천으로 놀라운 성과를 이루어냈던 것입니다. 실패 없는 성공이란 그 어디에도 없습니다. 미국의 전무후무한 4선 대통령이자 세계의 평화와 자유를 구현하는 데 위대한 업적을 남긴 루스벨트 역시 수없이 넘어지는 시련과 고통을 겪어야만 했습니다. 그러나 그는 시련과 고통을 성공의 에너지로 만들어 고난을 물리치고 찬란한 성공의 금자탑을 쌓았던 것입니다.

루스벨트가 성공할 수 있었던 데에는 식지 않은 도전 정신과 새로운 비전을 제시하는 예리한 판단력에 있습니다. 그는 창의력과 지혜를 기르기 위해 언제나 사색하고 공부함으로써, 새로운 미래에 대한 창조정신을 기르고 지혜를 갖췄던 것입니다. 큰 성공 뒤엔 반드시 거기에 상응하는 노력의 대가가 있는 법입니다. 거저 오는 성공은 그 어디에도 결코 없습니다. 이를 기억하고 실천하는 여러분이 되기 바랍니다.

미국 역사상
가장 찬란하게 빛난 40대 기수

존 F. 케네디 John Fitzgerald Kennedy (1917~1963)
미국 제35대 대통령을 역임한 정치가
'뉴 프런티어(New Frontier)' 정책을 내세워 세계 냉전 해소에 지대한 영향을 끼침
주요 저서 : 《용기 있는 사람들 Profiles in Courage》

영원한 청년정신

미국 역사상 최초로 40대에 대통령으로 사람이 있습니다. 바로 44세 젊은 나이에 대통령으로 당선된 존 F. 케네디입니다. 그의 할아버지는 19세기 후반 아일랜드에서 매사추세츠주로 이민을 온 사람입니다. 즉, 케네디는 이민자의 후손이었던 것이지요.

케네디는 어려서부터 매우 총명했다고 합니다. 또 매사에 당

당했습니다. 그의 눈은 언제나 초롱초롱 빛났고, 불의를 보면 참지 못하는 정의로운 성품을 지니고 있었습니다. 그리고 친구들 사이에서는 리더십이 뛰어나고, 말을 잘하는 친구로 통했습니다. 그의 그런 성격은 하버드에 진학한 후에도 그대로 이어졌습니다. 어떤 주제에 대해 토론하기를 좋아했고, 자신의 의견을 증명하기 위해 열정적으로 자신의 주장을 펼치는 집념을 보여줬던 것입니다. 때문에 그는 일찌감치 사람들에게 강한 인상을 심어주었습니다.

케네디는 1942년에 해군으로 입대를 합니다. 제2차 세계대전에 참전한 것이지요. 하지만 오래지 않아 부상을 당했고, 결국 제대를 하고 말았습니다. 제대 후 그는 INS 통신원으로 일하면서 UN이 창설된 샌프란시스코 회의, 영국 총선거, 포츠담 회의를 취재하는 등 활발한 활동을 했습니다. 그때부터 정치에 관심을 갖게 된 케네디는 1947년에는 매사추세츠 주 하원의원에 당선되었고, 1953년에는 상원의원에 당선되었습니다. 그리고 자신이 공약으로 내세운 일들을 최선을 다해 처리하여 국민들로부터 많은 인기를 얻었습니다. 결국 그는 넘치는 열정과 번뜩이는 지성으로 민주당 대통령 후보로 선거에 나서 44세 젊은 나이로 대통령으로 당선되는 쾌거를 이룩했습니다.

그가 젊은 대통령이 될 수 있었던 가장 큰 이유는 끊임없는 도
전과 조국을 생각하는 간절함이 있었기 때문입니다. 더불어 영
원한 젊음인 청년정신에 있었기 때문입니다. 바로 그 청년정신
이야말로 그의 가장 큰 장점이었던 것입니다.

대범함과 부드러움을 조율하는 탁월한 능력자

케네디의 가슴속엔 두 가지 마음이 있었습니다. 하나는 그 어
떤 상황이나 사람 앞에서도 결코 두려워하지 않는 대범함이었
고, 또 하나는 강물처럼 흐르는 부드러움이었습니다. 그는 상황
에 따라 이 두 가지 마음을 적절하게 조화시키며 자신의 진가를
발휘했습니다. 그의 이런 성격은 그가 대통령이 되어 '뉴프런티
어(New Frontier)' 정책을 펼쳐나갈 때 진가를 발휘하게 됩니다.
그 결과 그는 미국이 냉전 해소에 적극 참여하게 함으로써 세계
평화의 주축이 되게 했고, 1962년에는 카리브해 해상 봉쇄에 의
한 쿠바 내 소련 기지의 강제철거를 실행했으며, 소련과 부분적
인 핵실험 금지 조약을 맺어 미소 간에 해빙기를 이루어낸 위대

한 대통령이 된 것입니다. 그 외에도 그는 남미의 여러 나라와 '진보를 위한 동맹'을 결성하고, 평화봉사단을 통해 후진국을 원조하는 등 세계평화에 적극적으로 앞장섰습니다. 이 모든 일을 할 때 그는 목적을 위해 한편으론 강경론으로, 또 한편으로는 한없는 부드러움으로 정치인들과 국민들을 설득했습니다. 즉, 케네디는 탁월한 명연설가이자 국민들의 마음을 읽어내는 지혜로운 사람이었던 것입니다.

부드럽지만 넘치는 카리스마의 소유자

케네디의 꿈은 미국이 세계민주주의를 이끄는 중심 국가로서의 위상을 실현하는 것이었습니다. 바로 강력한 미국을 만들고 싶었던 겁니다. 그의 주장은 아이젠하워 정부의 침체된 정치에 염증을 느끼던 미국 청년들에게 적극적인 지지를 받았습니다.

특히 그는 연설을 할 때 청중을 향해 "존경하는 미국 시민 여러분, 우리 ~합시다."라는 말을 반복함으로써 미국인들의 관심을 집중시켰습니다. 미국인들은 그의 이런 반복 어법에서 강력한 카리스마를 보았다고 합니다.

역사적으로 보면 대부분의 권력자들은 국민들을 휘어잡기 위해 권력을 통치의 수단으로 삼았습니다. 그러나 케네디는 강력한 권력을 휘두르는 대신 민주주의 정신을 바탕으로 뜨거운 감정과 냉철한 이성에 호소했습니다. 부드럽지만 어떤 것도 거부할 수 없는 강한 리더십을 지닌 대통령이었던 겁니다.

불행히도 그는 대통령으로 당선된 지 2년 후 한 청년에 의해 암살을 당하고 맙니다. 그러나 지금도 미국인들은 그를 미국 역사상 가장 사랑과 존경을 받은 대통령으로 기억하고 있습니다.

케네디's 생각의 노트

　케네디의 성공 비결은 끊임없는 열정, 지치지 않는 도전정신, 그리고 식지 않은 영원한 청년정신에 있었습니다. 사무엘 울만은 그의 시 《청춘》에서 청춘은 겁 없는 용기이자 안이함을 뿌리치는 모험심이라고 했습니다. 그리고 나이를 먹어서 늙는 것이 아니라 이성을 잃어서 늙는다고 했습니다. 이 시처럼 케네디는 이성의 날을 세우고 항상 자신을 갈고 닦는 데 게을리 하지 않았습니다.

　케네디는 국민의 마음을 읽고 그들 스스로가 국가의 발전에 참여하게 했습니다. 또 강하면서도 부드러운 카리스마를 지닌 현명한 사람이었습니다. 그것이 그를 강한 대통령으로 만든 원동력이었습니다.

남아프리카 공화국 민주주의의 횃불

넬슨 R. 만델라 Nelson Rolihlahla Mandela (1918~)
남아프리카 공화국 최초의 흑인 대통령, 인권운동가이자 아프리카 민족회의(ANC) 회장
주요 저서 : 《자유를 위한 머나먼 여정 No Easy Walk to Freedom》

신념으로 똘똘 뭉친 신념의 사나이

신념은 종종 용기 있는 사람을 만듭니다. 코사족 자치지구인 움타타에서 템프족 추장의 아들로 태어난 만델라의 경우도 그랬습니다. 그는 어려서부터 남달리 강한 신념을 가진 소년이었다고 합니다. 그런데 어린 만델라는 소수의 백인들이 다수의 흑인들을 지배하는 것을 이해할 수 없었습니다. 그의 이런 의문은 그를 더욱 신념 있는 사람으로 만들었습니다.

후에 그는 포트헤어 대학에 입학했습니다. 그런데 얼마 안 가

학생운동으로 제적당하고 말았습니다. 그때부터 그는 소수의 백인들로부터 핍박을 받는 흑인들의 인권을 위해 싸웠습니다. 1942년 그는 비트바테르스란트 대학교에서 법률 학위를 받은 뒤 동료인 올리버 탐보와 함께 흑인 최초로 요하네스버그에 법률상담소를 열고 본격적으로 흑인 인권운동을 시작했습니다.

흑인 해방운동의 등불이 되다

만델라는 흑인들이 백인에게 천시와 박해를 받는 것을 도저히 묵과할 수가 없었습니다.

'똑같은 인간인데 어째서 백인에게는 인간답게 살 권리와 의무가 주어지고, 흑인은 노예가 되어야 하는가? 왜 흑인들을 백인들을 위해 짐승처럼 일하고, 짐승 같은 취급을 받아야 하는가?'

그는 분개했습니다.

그래서 이를 바로잡기 위해 1942년 아프리카 민족회의에 참여했고, 그곳에서 흑인 해방운동의 지도자로 부각되기에 이릅니다. 1948년 이후에는 집권 국민당의 아파르트헤이트 정책(흑인에 대한 인종차별 정책)에 대항해 격렬한 논쟁을 벌였고, 또 목숨을 걸고 싸우기도 했습니다. 그러나 백인들의 강한 압박에 밀려 반역이라는 죄명을 쓰고 감옥에 갇히고 말았습니다. 1952년과 1956년에 두 차례나 체포되었지요.

하지만 그것으로 끝이 아니었습니다. 1960년 3월에 경찰이 비무장한 군중들을 향해 발포하고 무자비한 살상을 감행한 '샤프빌 흑인 학살 사건'이 일어나자 그때까지 지켜오던 비폭력 노선을 포기하고 정부를 향한 무장투쟁을 지도했던 것입니다. 그러나 1961년에 체포되었고, 5년 징역형을 선고받았습니다.

그 후에도 그는 저항을 멈추지 않았습니다. 때문에 남아프리카 공화국 정부는 만델라를 영원히 매장시키기 위한 계략을 꾸몄습니다. 그의 반정부 활동을 증명할 만한 자료를 모조리 수집한 후 1964년에 마침내 종신형을 선고해버린 것입니다.

흑인으로서 남아프리카 최초의 흑인 대통령이 되다

만델라는 감옥에 갇혀 고통의 세월을 보내면서도 조국의 민주주의와 흑인들의 인권을 회복시키겠다는 열망을 버리지 못했습니다. 하지만 27년 동안의 수형생활은 몸을 만신창이로 만들었습니다. 급기야는 결핵 증세가 나타났고, 입원 치료를 받아야만 했습니다. 그런데 이 일이 외부에 알려지게 되면서 남아프리카 공화국에서 벌어지고 있는 흑인에 대한 극심한 인종차별을 전 세계가 알게 되었습니다. 그리고 그는 세계인권운동의 상징적인 존재가 되었습니다. 국제 사회는 만델라의 투쟁을 위대한 성과로 인정하고 그를 석방시키기 위해 남아프리카 공화국 정부를 압박하기 시작했습니다. 결국 만델라는 국제 사회의 압력에 견디지 못한 정부에 의해 1990년에 석방되었습니다.

만델라는 곧바로 아프리카 민족회의 부의장으로 선출되었습니다. 그리고 얼마 후 오랜 동료인 올리버 탐보의 뒤를 이어 의장으로 선출되었습니다. 회장이 된 만델라는 데 클레르크 총리와 평화적이고 자주적인 협력관계를 유지하기 위해 애썼습니다. 그 결과 남아프리카 공화국은 평온하고 자유로운 사회로 거듭났습니다. 1993년 세계는 다시 그의 손을 들어주었습니다. 그는 남아프리카 공화국에 평화를 가져다준 공로를 인정받아 데 클레르크 총리와 공동으로 노벨 평화상을 수상했던 겁니다. 그리고 이듬해 실시한 대통령선거에서 만델라는 투표인 65%라는 압도적인 지지를 받으면서 남아프리카 공화국 최초의 흑인 대통령으로 당선되었습니다. 그리하여 46년 동안이나 지속되었던 흑인 인종차별 정책을 종식시켰습니다.

그는 남아프리카 공화국의 평화수호자이며 흑인 해방운동가 였습니다. 인도에 마하트마 간디가 있었다면 남아프리카 공화국엔 넬슨 만델라가 있었습니다.

만델라's 생각의 노트

만델라는 신념이 강한 사람이었습니다. 그의 신념은 온갖 핍박과 죽음 등 극단적인 위협에도 불구하고 그를 남아프리카 공화국의 민주주의 투사가 되게 했습니다. 신념은 모든 불가능을 가능하게 하는 용기와 믿음을 주는 원동력입니다.

만델라가 개인의 성공만을 추구했다면 그의 투쟁은 성공하지 못했을 것입니다. 하지만 그는 자신의 성공보다는 흑인들의 인권·권익을 위해 평생을 바쳤습니다.

남을 위해 산다는 것은 일종의 모험과도 같습니다. 하지만 인생을 성공적으로 산 사람들은 그것이 모험이라는 걸 알면서도 과감하게 승부를 걸었습니다. 그래서 그들의 삶이 더욱 빛나고 돋보이는 것입니다.

영원한 혁명가

체 게바라 Ché Guevara (1928~1967)
쿠바 혁명을 이끈 아르헨티나 출생의 혁명가
주요 저서 : 〈게릴라 전쟁 La Guerra de Guerrillas〉,
　　　　　 〈혁명전쟁 여행 Pasajes do la Gu erra〉

꿈, 그 넘치는 에너지의 표상

　군복에 검은 베레모, 짙은 눈썹과 턱수염, 잘생긴 외모. 한때 금기시된 서적들의 저자. 어릴 때는 에르네스토 게바라(Ernesto Guevara)라고 불렸던 사나이. 그가 바로 쿠바 혁명의 주역 체 게바라입니다.

　게바라는 아르헨티나 로사리오에서 중산층 가정의 맏아들로 태어났습니다. 그런데 그는 태어나면서부터 몹시 약했다고 합니다. 천식이 심했던 거지요. 하지만 부모님은 그를 정성으로 돌봤고, 그 덕분에 그는 몰라보게 건강해졌습니다.

인자한 아버지의 영향을 많이 받은 그는 따뜻하고 부드러운 품성을 지닌 소년으로 자랐습니다. 항상 자신보다 가난한 친구들과 어울리면서 굶주려 있는 그 친구들에게 먹을 것을 나눠주기도 하고, 때로는 자신의 집에서 재워주기도 했습니다. 그러면서 한 가지 의문을 품게 됩니다. 바로 '왜 세상에는 부자와 가난한 사람이 있는가?' 하는 것이었습니다.

'누구는 잘살고 누구는 가난하게 살아야 하는 걸까?'

그는 가슴속에 의문을 간직한 채 자신의 꿈을 위해 의학도가 되기로 결심합니다. 그리고 1953년 부에노스아이레스 대학에서 의학박사 학위를 받았습니다.

위대한 혁명의 길에 서다

그런데 그는 사회적 지위와 부를 축척할 수 있는 의학박사라는 자리를 과감히 버리고, 오직 혁명을 위해 온몸을 바치기로 결심을 했습니다. 혁명만이 라틴아메리카의 사회적 불평등을 해결할 수 있다고 굳게 믿었기 때문입니다. 결국 그는 멕시코로 가서 그곳에서 망명하고 있던 쿠바 혁명의 지도자, 피델 카스트로와 합류했습니다. 그들은 단번에 의기투합했고, 게바라는 그때부터 쿠바 정부에 반기를 든 피델 카스트로와 반정부 활동을 벌였습니다.

게바라는 용감한 사람이었습니다. 그리고 전쟁을 결코 두려워하지 않았습니다. 피하지도 않았습니다. 전쟁만이 위기에 빠진 쿠바를 구할 수 있다고 믿었기 때문입니다. 그들의 게릴라 전투는 그 어떤 전쟁보다도 치열했습니다. 그는 총알과 폭탄이 빗발치는 곳에서도 혁명을 위해 아낌없이 온몸을 바쳤습니다. 그것도 남의 나라인 쿠바의 민주주의를 실현시키기 위해서! 그리고 마침내 쿠바의 독재자 바티스타(Fulgencio Batista)를 축출하는 데 성공했습니다. 이로써 게바라는 쿠바가 새로운 역사를 시작하는 데 일등공신이 되었습니다.

죽음을 두려워하지 않는 박애주의자

게바라는 결코 죽음을 두려워하지 않았습니다. 독재자를 몰아낸 그는 피델 카스트로가 이끄는 정부에서 산업부 장관

(1961~1964)을 역임했습니다. 편안한 삶을 마다하고 고통과 억압받는 사람들을 위해 일을 한 것입니다. 비록 자신의 나라는 아니었지만 헐벗은 국민들을 위해서라면 자신의 힘을 쏟는 것을 주저하지 않았습니다.

그는 제3세계에 대한 미국의 영향력에 강력하게 저항하면서 카스트로 정권의 반미주의와 친 공산주의 노선을 적극 옹호했습니다. 농민이 주체가 된 혁명을 하는 것이야말로 후진국의 살 길이라고 주장했던 것입니다. 그런 성향은 그가 게릴라 전투에 대해 쓴 두 권의 책에 잘 나와 있습니다.

1965년, 그는 다시 총알이 빗발치는 전쟁터로 갔습니다. 분쟁 중이던 볼리비아로 잠입하여 반정부군을 이끌게 된 것입니다. 그러나 그의 전쟁은 오래가지 않았습니다. 얼마 후 그는 볼리비아 정부군에게 붙잡혔고, 1967년 발레그란데 근처에서 총살되고 말았습니다. 그의 나이 39세 때의 일입니다.

그는 자신의 인생을 송두리째 혁명을 위해 바쳤습니다. 그것도 자신의 조국 아르헨티나가 아닌 쿠바와 볼리비아를 위해서 헌신했습니다. 왜 그랬을까요? 그 해답은 그가 타고난 박애정신에 있습니다. 그는 천성적으로 타고난 박애주의자였습니다. 휴머니스트였습니다. 그것이 그의 존재 이유였으며 삶의 목표였던 것입니다.

사람들은 그 누구나 자신에게 주어진 환경 속에서 편안히 살기를 원합니다. 그러나 게바라는 평범하고 안락한 삶의 길을 과감히 벗어 던져버렸습니다. 그리고 가난하고 무지한 사람들을 위해 헌신했습니다.

그가 죽은 지 벌써 40년이 넘었습니다. 지금은 우익이니 좌익이니 하는 편가름도 의미 없는 세상입니다. 그러나 평등과 박애를 부르짖던 그의 정신은 여전히 인류를 밝히는 횃불이 되어 활활 타오르고 있습니다.

체 게바라's 생각의 노트

　게바라는 한 인간으로서의 편안한 삶을 포기하고 민중을 위해 자신의 젊음을 바친 혁명가이자 박애주의자였습니다. 그의 삶이 빛나는 건 다수를 위해 자신의 삶을 포기하고 자신의 목숨을 바쳤다는 데 있습니다.

　아무나 위대한 혁명가가 되는 것은 아닙니다. 앞을 내다보는 투시력과 불굴의 도전정신, 그리고 어떤 상황에서도 굴하지 않고 끊임없이 투쟁할 수 있는 용기를 가지고 있어야 하는 것입니다.

　박애주의자가 되기 위해서는 모두를 포기할 수 있어야 합니다. 그렇지 않고서는 진정한 휴머니스트가 될 수 없습니다. 게바라의 삶이 빛나는 것은 그 모두를 포기한, 무소유의 실천자이었기 때문입니다.

미국 흑인 해방운동 지도자

마틴 루터 킹 Martin Luther King (1929~1968)
흑인 인권을 위해 투쟁한 미국 침례교회 목사, 신학박사, 철학박사
주요 저서 : 《우리 흑인은 왜 기다릴 수 없는가 Why We Can't Wait》

열성적 학구파

마틴 루터 킹은 3대째나 이어오는 침례교회 목사의 아들로 태어나 가난한 어린 시절을 보냈습니다. 지금은 그런대로 많이 좋아졌지만 그 당시에는 백인들에 의한 흑인들의 인권 유린이 비일비재했습니다. 그런 모습을 보고 자란 킹은 가슴속에 큰 꿈을 품었습니다. 흑인을 그 고통의 구속으로부터 탈출시켜야 한다는 흑인 해방의 꿈을 말입니다.

그는 그 꿈을 실현시키기 위해서는 먼저 배워야 한다고 생각

했습니다. 그래서 열심히 공부했습니다. 그는 1955년 보스턴 대학에서 신학박사 학위를 받았고, 하버드 대학에서는 철학박사 학위를 받았습니다. 그러나 그는 만족하지 않았습니다. 그리하여 마침내 그는 그의 아버지처럼 침례교회 목사가 되었습니다.

그의 공부에 대한 열정은 집착에 가까울 만큼 끝이 없었습니다. 물론 그렇게 한 것은 자신을 위한 일이었습니다. 하지만 그 이면에는 가슴속에 품고 있던 꿈, 바로 흑인들의 인권을 찾아야 한다는 강한 신념이 있었기 때문이었습니다.

흑인 인권운동에 앞장서다

비폭력 저항과 인종차별 철폐 및 식민지 해방 운동을 펼친 간디의 사상에 깊은 영향을 받은 킹은 목사가 된 후에 '몽고메리 시에서 운영하는 버스에는 흑인이 탈 수 없다'는 법조항에 반대하는 운동을 벌이며 본격적으로 흑인 인권운동에 뛰어들었습니다. 이른바 '몽고메리 버스 보이콧 투쟁'을 지도하게 된 것입니다. 모든 노력을 기울여 투쟁을 한 지 1년 만인 1956년에 마침내 원하는 것을 이뤄냈습니다.

그 후에 그는 그리스도교도 지도회의를 결성했고, 비폭력주의에 입각하여 인종차별을 반대하는 투쟁을 지도했습니다. 그로 인해 수차례나 투옥되었지만 그는 굴하지 않았습니다. 그리고 마침내 그의 투쟁은 존 F. 케네디 대통령의 민권법안 통과의 계기가 되었습니다.

이 일로 미국에 사는 흑인들의 가슴속에는 벅찬 희망이 생겼습니다. 하지만 그는 멈추지 않았습니다. 많은 흑인들의 존경을 받았지만 그는 그런 것에는 관심이 없었습니다. 또 자신의 개인적인 삶에도 관심이 없었습니다. 그의 마음을 지배하는 것은 온통 흑인들의 인권을 찾겠다는 일념뿐이었기 때문이었습니다.

하지만 그런 그의 행보를 우려하는 눈들이 있었습니다. 때로는 협박도 받았고, 때로는 목숨을 위협하는 위험한 일도 있었습니다. 기득권을 빼앗기지 않으려는 백인 우월주의자들의 목표가 되었던 것입니다. 반면 목숨을 건 그의 헌신적인 노력은 세계인에게 깊은 감동을 주었습니다. 그리하여 1964년 노벨 평화상을 수상하게 되었습니다.

킹은 깊은 종교적 믿음과 신념을 갖고 있었습니다. 이런 믿음과 신념은 그 어떤 압박과 억압에도 두려워하지 않게 해주는 힘의 원천이 되어주었습니다. 불행하게도 그는 제임스 얼이라는 백인이 쏜 총알에 죽음을 맞이하게 되었지만, 그의 죽음은 또 다른 흑인 인권운동을 낳는 기폭제가 되었습니다. 그는 자신의 죽음까지도 흑인들의 인권을 위해 바친 것입니다.

그는 바쁜 와중에서도 많은 저서를 남겼습니다. 몽고메리 버스 보이콧 투쟁에 관하여 쓴 《자유를 향한 위대한 행진》을 비롯해서 《우리 흑인은 왜 기다릴 수 없는가》, 《흑인이 가는 길》 등이 그것이지요. 그 책들에는 공통점이 있었습니다. 오직 흑인들에 대한 꿈과 희망을 말했고, 그것은 압박과 핍박으로부터 벗어나는 것임을 잘 보여준다는 것이었습니다.

우리는 역사가 보여주는 수많은 증거들을 통해 한 사람의 힘이 얼마나 위대한지 잘 알고 있습니다. 한 사람의 위대한 영혼은 수많은 사람들을 희망으로 이끌어주는 강한 에너지를 발한다는 것을 말입니다. 마틴 루터 킹의 삶 역시 수많은 흑인들에게 희망을 안겨주었고, 자유와 평화를 선물했습니다.

그가 가고 없는 지금, 흑인들은 여전히 그를 우상으로 여기고 있습니다. 뿐만 아니라 미래의 흑인들에게도, 그리고 전 인류에게도 푸른 하늘에 우뚝 솟은 태양처럼 찬란하게 빛날 것입니다.

킹's 생각의 노트

킹은 '인간의 참모습'을 잘 보여준 진정한 인권론자였습니다. 바로 남을 위해 자신을 던질 수 있는 희생적 삶이 인간이 가진 진정한 모습이라고 온몸으로 말하고 있는 것입니다. 나 아닌 다른 이를 위해 산다는 것은 말처럼 쉬운 일이 아닙니다. 그러기에 그런 이의 삶이 위대한 것 아니겠습니까?

열정적 학구파였던 킹은 자신의 목표를 위해 열심히 공부했습니다. 열심히 공부한다는 것, 노력한다는 것, 그것은 참 가치 있고 아름다운 일입니다. 자신의 미래를 위해 꿈을 위해 노력하는 자만이 미래를 성취할 수 있기 때문입니다.

킹은 오늘도 수많은 미국 사람들의 가슴속에 살아 있는 전설입니다. 누군가의 가슴속에 영원한 전설로 남아 있다는 것처럼 행복한 일은 없을 것입니다. 그처럼 보람된 삶도 없을 것입니다. 그러기 위해서는 다른 이들에게 나 자신이 가치 있는 의미가 되는 것이 선행되어야 합니다.

인류의
정신적 지주

Chapter 2

독일 근세 철학의 아버지

임마누엘 칸트 Immanuel Kant (1724~1804)
서유럽 근세 철학의 기초를 세운 독일 철학자
주요 저서 : 《순수이성비판 Kritik der reinen Vernunft》,
《실천이성비판 Kritik der praktischen Vernunft》

 철저한, 규칙적인 생활주의자 칸트

스코틀랜드에서 이주해 온 소시민 가정에서 태어난 근세 철학의 대가 칸트는 마구 제조업자인 아버지와 신앙심이 두터운 어머니 밑에서 평화스러운 어린 시절을 보냈습니다.

그는 어려서부터 자신이 정한 규칙을 어기는 법이 없었습니다. 평생을 사는 동안 한 번도 흐트러진 모습을 보인 일이 없다고 하는군요. 얼마나 규칙적인 생활을 했는지 그가 사는 동네의 사람들은 그가 산책하는 것을 보면 시계를 보지 않고도 시간을 알았다고 합니다. 이런 그의 생활 태도는 독실한 청교도였던 어머니에게 교육받은 결과였습니다. 항상 겸손하고 경건한 어머니의 생활을 보고 자라면서 자연스럽게 감화되고, 몸에 익히게 된 것이지요.

그는 마침내 철학자가 됩니다. 그런데 철학은 심오한 학문입니다. 때문에 책도 많이 읽어야 하고 거듭거듭 연구를 해야 합니다. 이런 철학의 특성은 학문을 하는 자에게 극도의 인내심을 요구합니다. 그만큼 위대한 철학자가 되기란 말처럼 쉬운 일이 아니지요. 그런데 규칙으로 자신의 생활을 절제하는 것에도 많은 인내심이 필요합니다. 바로 칸트의 흐트러짐 없는 규칙적인 생활 태도는 철학을 하는 데 큰 도움이 되었던 것입니다.

집요하고 끈질긴 학문 탐구

칸트는 대학에 진학해 수학, 철학, 신학, 자연과학을 배웠습니다. 특히 뉴턴에게 있어서 그는 똑똑하고 재능 있는 제자였습니다. 칸트는 대학을 졸업한 후에는 10년 동안 가정교사를 했습니다. 그러다 모교에서 강사로 교단에 서게 되었고, 나중에는 논리학 및 형이상학 교수가 되었습니다.

칸트는 대학에서 학생들을 가르치면서도 자신의 연구를 게을리 하지 않았습니다. 특히 그는 당시로는 새로운 사상이었던 뉴턴의 철학에 관심이 많았습니다. 그리고 마침내 뉴턴 역학의 모든 원리를 확대 적용하여 우주의 발생을 역학적으로 해명하는 기틀을 만들었습니다. 바로 '칸트-라플라스 성운설'이라는 획기적인 연구 성과를 발표한 것입니다.

그뿐이 아니었습니다. 뉴턴과 루소를 자신의 학문을 지탱하는 두 개의 기둥으로 삼고 연구에 연구를 거듭한 끝에 '비판철학'을 탄생시키는 위대한 업적을 이룩합니다. 《순수이성비판》과 《실천이성비판》, 그리고 《판단력비판》이 그것입니다.

《순수이성비판》에서 그는 수학적 자연과학을 바탕으로 한 뉴턴의 철학을 바탕으로 인식 구조에의 철저한 반성과 통일을 역설했습니다. 즉, 신을 중심으로 한 종래의 형이상학 개념은 더 이상 이론적 학문이 될 수 없으며, 따라서 인간의 이성과 감각을 기초로 한 자연만이 인식 가능한 세계라고 주장한 것입니다. 다시 말해 신이 아닌 인간 중심의 학문만이 의미가 있다고 한 것입니다. 이는 세계를 바라보는 인간의 눈에 획기적인 전환을 가져

왔습니다.

이를 통해 인식의 기초를 마련한 그는 이번에는 실천의 문제를 제시합니다. 제2비판서인 《실천이성비판》을 통해서 말입니다. 그는 이 책에서 이성적인 존재는 자율적으로 행동하는 존재이며, 도덕적인 행위를 통해서 스스로 자유로운 존재라는 것을 증명한다고 했습니다. 여기서 도덕적으로 행동하게 하는 의지가 바로 '실천이성'입니다. 또 그는 감각으로 형성된 세계는 인간을 자연적인 존재로밖에 만들지 못하지만, 의지로 조율하는 세계, 즉 실천이성은 인간을 무한한 가능성을 가진 창조적 존재로 만든다고 주장했습니다.

순수이성과 실천이성을 기초로 이론과 실천이란 기틀을 만든 그는 이 두 의미를 통일시키는 이론, 제3비판서 《판단력비판》을 발표한 것입니다. 그는 이성과 실천 중간쯤에 판단력이 있는데, 여기에는 크게 미적 판단력과 목적론적 판단력이 작용한다고 주장했습니다. 그에 의하면 미적 판단력이란 이해관계가 존재하지 않는, 즉 목적성이 없는 감정이나 쾌감 등의 인식을 낳습니다. 하지만 목적론적 판단력을 동원하면 단순한 통제를 벗어나 일생의 과제이자 세기적 과제에 비판적 해결을 가능하게 함으로써 스스로 철학적 결말에 도달하게 된다고 주장했습니다.

그는 세 권의 비판서 외에도 《포롤레고메나》, 《도덕 형이상학 원론》, 《도덕 형이상학》, 《자연과학의 형이상학적 원리》, 《인간학》, 《자연지리학》 등의 많은 저서를 남겼습니다.

서유럽 근세 철학의 선구자

칸트의 철학은 세 권의 비판서를 간행한 지 몇 년 지나지 않아 예나를 비롯한 몇 곳을 거점으로 하여 순식간에 전 독일의 대학, 논단을 석권했습니다. 뿐만 아니라 피히테에서 헤겔에 이르는 독일 관념론 철학의 선두 주자로서, 또 그 모태로서 커다란 역할을 했습니다. 그 영향은 다시 영국, 프랑스의 이성주의 철학까지 미쳤습니다. 특히 훗날 독일 철학의 계보를 잇는 신칸트학파의 철학은 칸트의 비판주의의 직접 계승·지향했습니다. 물론 신칸트학파가 퇴조한 후에도 칸트의 철학은 많은 철학 조류에 직·간접적으로 영향을 주었습니다. 이로써 근면했고, 자신이 정한 규칙에 엄격했으며, 학문을 탐구하는 데 열정적이었던 칸트는 세계 철학의 아버지가 된 것입니다.

이처럼 그 어떤 일도 그냥 이루어지는 것은 없습니다. 더군다나 철학이라는 학문을 탐구하기 위해선 생각보다 많은 시간과 열정을 쏟아 부어야만 합니다. 칸트는 그 모든 조건을 완벽하게 수행했습니다. 그리하여 세계 철학의 한자리를 차지하는 쾌거를 이룩했던 것입니다.

칸트's 생각의 노트

칸트는 언제나 규칙적인 생활을 했습니다. 그것은 시간과의 싸움에서 승리자가 되기 위해 노력했기 때문에 가능했던 것입니다. 위대한 철학자, 그것은 그냥 얻을 수 있는 명예가 아닙니다. 그것은 시간에 쫓기지 않고 시간을 이끌고 갔을 때 얻을 수 있습니다.

칸트는 목적의식이 분명한 사람이었습니다. 그는 자신이 세운 목표를 위해 노력을 아끼지 않았습니다. 우리 주위에는 나를 유혹하는 것이 많습니다. 친구들, 많은 유희, 각종 행사 등……. 하지만 목표를 위해서는 포기해야 하는 것이 생기기 마련입니다. 그런 선택의 순간에 칸트는 자신의 목표를 선택했습니다. 그리고 노력했습니다. 그랬기에 그 목표를 이룰 수 있었습니다.

최고가 되기 위해서는 훨씬 많은 노력이 필요합니다. 칸트는 단연 최고의 노력가였습니다. 번뜩이는 아이디어와 천재성이 아니라 피나는 노력이 그를 위대한 철학자로 만든 것이 것입니다. 기억하십시오. 노력이야 말로 자신의 인생에서 자신을 최고로 만드는 최선의 투자임을 말입니다.

행동적 지식인의 표상

장 폴 사르트르 Jean Paul Sartre (1905~1980)
프랑스 실존주의 철학자, 소설가, 극작가, 평론가
주요 저서 : 《구토 La Nausee》,《존재와 무 L'tre et le Né ant》,《파리 Lee Mouches》

 ## 프랑스가 낳은 대표적 지성

1907년, 2세밖에 안 된 한 어린 아이가 아버지를 여의었다는 것도 모른 채 외조부께 맡겨졌습니다. 아프리카의 성자로 잘 알려진 노벨 평화상 수상자 A.슈바이처의 삼촌이었던 C. 슈바이처는 아버지를 잃은 가여운 어린 손자를 보듬어 안았습니다. 이때 외조부 품에 천진하게 안겨 있던 어린 아이가 바로 1905년 프랑스 파리에서 태어난 샤르트르였습니다.

샤르트르는 어릴 때부터 남달리 영특했습니다. 결국 파리의 명문 에콜 노르말 쉬페리외르의 철학과에 진학할 수 있었습니다. 평생 학문적 동지이자 반려자였던 시몬 드 보부아르를 만난 것도 바로 이때였습니다. 어쨌든 그는 졸업할 때 수석을 차지했을 정도로 뛰어난 재능을 보였습니다. 훗날 대학교수가 되기는 했지만, 졸업 후 병역을 마친 그는 프랑스 북부의 항구 도시인 루아브르에서 고등학교 철학교사가 되어 사회에 발을 내딛었습니다. 이때의 생활은 그에게 문학적 영감을 심어줬습니다. 일례로 그는 그가 생활했던 루아브르를 1938년에 발표되어 세상의 이목을 끌었던 《구토》에서 '부비르'라는 이름의 도시로 재탄생시키기도 했습니다.

1933년, 30세가 된 샤르트르는 새로운 것에 도전합니다. 베를린으로 유학을 떠난 것입니다. 그는 그곳에서 후설과 하이데거의 철학을 공부했습니다. 그리고 이를 바탕으로 철학 논문을 발표했습니다. 1934년에 발표한 〈자아의 극복〉과 1936년에 발표한 〈상상력〉이 바로 그것입니다. 그로부터 1년 후 샤르트르는 그 유명한 소설 《구토》를 발표하여 실존주의 문학의 창시자가 되었습니다. 비로소 신진작가로서의 기반을 확고히 다지게 된 것입니다. 그 후 그는 정열적으로 집필을 계속했습니다. 1943

년에 발표한 철학 논문 《존재와 무》뿐만 아니라 희곡 《파리 떼 Les Moiuches》, 장편소설 《자유의 길 Les Chemins de la liberté》, 《시뛰아시옹 Situations》 등을 발표했습니다. 또 제2차 세계대전이 끝난 뒤에는 동문이었던 메를로 퐁티에게 도움을 받아 《레탕모데른 Les Temps Modernes》이라는 월간지를 창간하였는데, 그는 이를 통해 소설, 평론, 희곡 등 다채로운 문필 활동을 펴서 전후문학을 이끌었습니다.

사르트르의 사상과 문학

1946년 사르트르는 《실존주의는 휴머니즘이다 L'Existentia lisme est un humanisme》라는 책을 통해 인간은 하나의 실존적 존재라는 주장을 펴게 됩니다. 여기서 그는 실존은 본질에 앞선다고 했습니다. 도구와 같은 존재에 있어서는 본질이 존재에 앞서지만, 개별적 단독자인 실존에 있어서는 존재가 본질에 앞선다는 것이었습니다. 또 그는 실존은 주체성이라고 했습니다. 인간은 우선 실존하고 그 후에 자신의 자유로운 선택과 결단, 행동을 통해서 자기 자신을 만들어간다는 것이었습니다. 바로 실존의 결단과 행동의 연대성을 주장한 것입니다.

사르트르는 철학적인 문제뿐만 아니라 세계 평화와 사회적인 문제에 대해서도 깊은 관심을 가지고 있었습니다. 특히 연설과 평론을 통해 소련의 공산주의에 대해서 날카로운 비판을 서슴지 않았습니다.《유물론과 혁명》,《변증법적 이성비판》등도 그런 맥락에서 저술된 것입니다.

행동적 지식인의 표상

사르트르는 철학과 문학을 행동과 실천으로 이끌어낸 행동하는 지식인이었습니다. 또 무게 있는 지적 활동을 통해 그의 역량을 유감없이 발휘하기로도 유명했습니다. 그러한 그의 철학적 사상과 문학은 그를 프랑스를 대표하는 최고의 지식인 반열에 오르게 했습니다.

그는 사생활 문제에 있어서도 파격을 서슴지 않았습니다. 당대는 물론 현대에 있어서도 파격이라 하지 않을 수 없는 시몬 드 보부아르와의 계약결혼도 그의 돌출행동중 하나였을 뿐입니다. 그는 학자나 지식인들의 경건함과 엄숙주의를 무시했습니다. 아니, 오히려 과감히 깨뜨려 보였습니다. 때문에 결혼마저도 당연히 요구되는 엄숙함을 철저히 내동댕이쳐 버릴 수 있었던 것입니다. 그렇게 그는 언제나 자신의 행동에 당당하게 행동했습니다. 결국 그는 1964년에 수상이 결정된 노벨 문학상마저 거절해 버리고 말았습니다. 그의 이런 행동은 보통사람으로서는 도저히 할 수 없을 것입니다. 누구나 받고 싶어 하는 노벨상을 거절했으니 말입니다. 하지만 그는 노벨상을 거절함으로써 그는 자신의 문학이 상을 받기 위한 것이 아니라 오직 문학만을 위한 것이라는 것을 행동으로 보여줬습니다.

오늘을 사는 우리는 사르트르를 프랑스가 낳은 최고의 지성인으로 기억하고 있습니다. 단순히 지식을 전달한 것이 아니라 행동과 실천을 몸소 보여주었기 때문에 그의 문학이 세계문학의 반열 위에 오를 수 있었던 것입니다. 그는 진정한 문학이 무엇인지, 그리고 문학가가 가야 할 길이 무엇인가를 우리에게 온몸으로 가르쳐주었던 것입니다.

사르트르's 생각의 노트

　사르트르는 행동하는 지식인이었습니다. 자신의 철학과 문학의 이론을 행동으로 실천하는 작가이자 철학자였습니다. 말하기는 쉽지만 행동하기는 어려운 법입니다. 또 사회적인 관습과 싸우는 것을 두려워한 나머지 순응하기 마련입니다. 그러나 그는 자신을 옭아매는 모든 관습과 당당하게 맞섰고, 그리하여 시대를 앞서가는 지식인으로 이름을 남길 수 있었습니다.

　사르트르가 프랑스 최고의 지식인이 된 데에는 끊임없는 노력과 열정이 있었습니다. 자신의 삶을 만족으로 이끌기 위해서는 땀방울을 흘려야 합니다. 어떤 삶이라 할지라도 그에 맞는 열정과 땀방울이 있을 때에라야 가능하기 때문입니다. 땀방울을 흘리는 자는 그가 누구든 존귀해 보입니다. 그런 사람만이 성공이란 금자탑을 쌓을 수 있습니다.

영원한 자유의 기상

사베드라 미구엘 데 세르반테스 Saavedra Miguel de Servantes (1547~1616)
스페인의 소설가, 극작가, 시인
주요 작품 : 《돈키호테 Don Quixote》, 《모범 소설집 Novelas Exemplares》

가난을 숙명으로 안고 태어나다

돈키호테를 탄생시킨 세르반테스는 1547년 스페인 알칼라데에나레스에서 태어났습니다. 외과 의사였던 그의 아버지는 귀에 장애가 있었기 때문에 의사인데도 늘 궁핍한 생활을 해야 했습니다. 환자들이 청각장애자인 의사에게 진찰을 받으려 하지 않았던 것입니다. 결국 그의 집안의 가난은 세르반테스에게서 교육의 기회를 빼앗아갔습니다.

가난을 벗어나기 위해 그의 가족은 바람처럼 떠돌며 겨우겨우

연명했습니다. 바랴드리드, 마드리드, 세빌랴 등 그가 가보지 않은 곳이 없을 정도였습니다. 유랑 생활은 고통의 연속이었습니다. 하지만 결코 좌절하거나 가난의 노예가 되지는 않았습니다. 어린 세르반테스에게는 오히려 새로운 것을 접하고 경험하는 기회였습니다. 아름다운 도시, 뜨거운 햇살, 열정적인 집시들과 음악, 그리고 그곳에서 살아가는 사람들……. 그것들은 세르반테스에게 자신이 태어나고 살아가고 있는 곳에 대한 깊은 성찰과 자각을 선물했던 것입니다. 그리고 이런 들풀처럼 고되고 거칠었던 어린 시절은 훗날 불후의 명작 《돈키호테》를 쓰는 데 있어 기름진 자양분이 되었지요.

하지만 그는 언제나 배가 고팠습니다. 육체적인 허기가 아니라 정신적인 허기 말입니다. 하루에 끼니를 걱정해야 하는 집안 형편으로는 공부는 그야말로 그림의 떡이었기 때문이었습니다. 그런데 그런 그에게 기회가 찾아왔습니다. 21세였던 1568년에 로페스 데 오요스가 운영하고 있는 마드리드의 개인 글방에서 공부를 할 수 있게 된 것입니다. 그러나 그것도 잠시뿐이었습니다. 다음 해 그는 이탈리아로 가서 아크콰비바 추기경을 모시는 일을 했습니다.

불행을 달고 다니는 사나이

1570년 세르반테스는 이탈이아 주재 스페인 군대에 입대했습니다. 그리고 이듬해인 1571년에 '레판토 해전'에 참전합니다. 그는 거기서 가슴과 팔에 큰 부상을 당했습니다. 특히 팔에 입은 부상은 매우 심각해서 이후로 평생 동안 왼손을 쓰지 못하는 신세가 되고 말았습니다. 보통 젊은 나이에 장애를 입게 되면 자신이 당한 불행을 곱씹으며 실의에 빠질 것입니다. 하지만 그는 이번에도 좌절하지 않았습니다. 장애도 잊은 채 다시 전쟁터로 갔던 것입니다.

튀니스 전쟁에 참가했을 때는 스페인 군인으로서 자부심을 한껏 발휘하여 주변 사람들에게 깊은 감동을 주었습니다. 때문에 1587년에는 스페인 해군 사령관이며 왕의 동생인 돈 후안으로부터 표창장을 받기도 했습니다. 그는 어떤 불행에도 굴하지 않았고, 오히려 적극적으로 생각하고 행동했던 것입니다.

세르반테스는 이제 자신의 앞날이 훤하게 빛날 것이라고 생각했습니다. 그의 가슴 안쪽에는 돈 후안에게 받은 표창장도 있었고, 시칠리아의 셋사 공작이 써준 추천장도 있었기 때문이었습니다. 그것만 있으면 이제 미래는 보장받은 것이나 다름없었던 것입니다. 그러나 그의 희망은 스페인으로 가던 배 위에서 산산이 부서지고 말았습니다. 해적의 습격을 받아 알제리로 끌려가는 신세가 되고 만 것입니다. 그는 그곳에서 무려 5년 동안이나 노예로 살아야 했습니다. 마치 불행이 자신을 빗겨가지 않는 것 같아 크게 좌절했습니다. 하지만 반드시 살아서 고향으로 돌아가야 한다는 신념을 굽히지 않았고, 결국 속박을 벗고 스페인으로 돌아갔습니다. 그의 신념이 그에게 새로운 희망을 주었던 것입니다.

5년이란 시간이 흐르는 사이 세상은 이미 그를 잊고 있었습니다. 표창장도 추천장도 없었습니다. 아니, 있었다고 해도 시간이 너무 지나 소용없었을 것입니다. 스페인으로 돌아왔지만 알제리에 있을 때와 별반 다르지 않는 힘든 생활을 해야 했습니다. 그가 절망을 딛고 다시 안정을 찾은 건 부유한 농가에서 자란 18세 연하의 카타리나와 결혼을 한 후부터였습니다. 그리고 이듬해 첫 소설인 《라 갈라테아 La Galatea》를 발표했습니다. 세르반테스가 본격적으로 작가의 길을 걷기 시작한 것입니다. 그 당시 그는 무려 20여 편이나 되는 희곡을 썼다고 합니다. 그러나 지금 우리에게는 《알제리의 생활》과 《라 누만시아》, 이렇게 단 두 편만 전해지고 있습니다. 그중 《라 누만시아》는 훗날 셸리와 괴테로부터 극찬을 받기도 했습니다.

어쨌든 그는 당시 유명한 작가는 아니었습니다. 명성을 얻은 것도 아니었고 생활이 나아진 것도 아니었습니다. 결국 펜을 놓고 대신 세금을 걷으러 다니는 일을 하며 근근이 생계를 이었습니다. 심지어 몇 번이나 투옥되기도 했습니다. 그렇다고 글쓰기를 완전히 포기한 것은 아니었습니다. 피곤한 몸을 이끌고 짬짬이 펜을 들었고 마침내 1605년에 《돈키호테》 '제1부'를 발표했습니다.

이 작품은 출판되자마자 많은 사람들의 갈채를 받았습니다. 하지만 그의 가난은 여전히 그를 괴롭혔습니다. 또 가난한 그를 보는 사람들의 시선도 곱지 않았습니다. 심지어 살인죄의 누명을 쓰고 감옥에 갇혔다가 풀려나는 어이없는 일을 당하기도 했습니다. 하지만 그는 좌절하거나 삶을 포기하지 않았습니다. 대신 그가 겪은 굴욕과 아픔을 작품으로 승화시켰습니다. 그리하여 1615년, 1부를 발표한 지 꼭 10년 만에 《돈키호테》 '제2부'를 발표하며 작품을 완성시켰습니다. 바로 그의 굳은 의지가 불후의 명작을 탄생시킨 것입니다.

《돈키호테》의 정식 명칭은 《재치 발랄한 향사鄕士 돈 키호테 데 라 만차》입니다. 당시 스페인에서 유행한 기사이야기를 패러디(Parody)해서 작품을 썼다고 합니다. 또 세르반테스는 이 작품의 탄생 배경을 '당시 유행하고 있던 기사騎士 이야기의 인기를 누르기 위한 것'이라고 했습니다. 어쨌든 작품은 그가 바란 대로 큰 인기를 끌었습니다. 그는 그 외에도 12편의 중편을 모은 《모범 소설집》과 동시대의 시인을 평한 장시 《파르나소에의 신의 여행》,《신작 희곡 8편과 막간 소극 8편》 등을 발표했습니다. 세르반테스는 셰익스피어와 동시대를 살았습니다. 그들에게는 몇 가지 공통점이 있습니다. 죽은 날이 같다는 것도 그중 하나입니다. 또 인간의 내면세계를 적나라하게 작품으로 승화시켰습니다. 그뿐 아닙니다. 실패를 만났을 때 결코 좌절하거나 포기하지 않은 강한 사람들이라는 것입니다.

우리는 여전히 《돈키호테》를 읽고 큰 감동을 받고 있습니다. 그러나 그보다 더 큰 감동을 주는 것은 불굴의 의지로 불행과 맞서 싸운 세르반테스의 정열적이고 굳건한 삶에 대한 의지이자 삶을 대하는 태도입니다.

세르반테스's 생각의 노트

　세르반테스가 세계적인 작가가 될 수 있었던 것은, 자신의 불우한 환경에 굴복하지 않았기 때문입니다. 포기하면 아무것도 이룰 수 없습니다. 좌절하고 눈물 흘리는 것으로는 아무것도 해결할 수 없습니다. 부딪치고, 깨어지고, 그리고 다시 일어나십시오.

　작가는 현실을 냉정히 바라볼 수 있어야 합니다. 또 그것을 세밀히 관찰한 후 이를 바탕으로 깊은 사색을 할 줄 알아야 합니다. 그렇게 함으로써 인간들에게 희망적 삶의 가치를 부여할 수 있어야 합니다. 세르반테스는 가난했고, 장애를 얻었고, 조롱받았고, 얼마간은 노예로도 살아야 했지만, 그는 그런 속에서도 사람들을 만났고, 생활을 관찰했고, 인간에 본성에 대해 사색했습니다. 그리고 그것을 자신의 작품으로 뜨겁게 승화시켰습니다. 이는 삶을 외면하지 않았기 때문에 가능했던 일이었습니다.

　좌절은 할 수도 있습니다. 그러나 이내 씩씩하게 주먹으로 눈물을 쓱 닦아내고 벌떡 일어설 수 있어야 합니다. 그리고 당당히 앞으로 걸어가야 합니다.

독일 고전주의 거성

요한 볼프강 폰 괴테 Johann Wolfgang von Goethe (1749~1832)
독일 최고 시인, 작가, 과학자, 정치가, 자연 연구가
주요 작품 : 《파우스트 Faust》, 《이탈리아 기행 Italienische Reise》,
《젊은 베르테르의 슬픔 Die Leiden des Jungen Werthers》

귀족 명문가에서 태어나 법률을 공부하다

괴테는 프랑크푸르트 암마인에서 태어났습니다. 제실 고문관이자 법률가였던 엄격한 아버지와 시장의 딸로서 명랑하고 상량한 성격의 어머니의 맏아들로 말입니다. 특히 어머니는 괴테에게 있어 언제나 좋은 이해자였고 상담가였습니다.

어린 시절 괴테의 교육은 주로 아버지가 맡았습니다. 그리고 철이 들 무렵부터는 가정교사가 그를 가르쳤습니다. 아버지와 가정교사는 모두 엄격했습니다. 괴테가 집을 떠나 생활하기 시

작한 것은 라이프치히 대학에 입학하면서부터였습니다. 아버지의 뜻에 따라 법률 공부를 하기 위해서였습니다. 그때 그의 나이 16세였습니다. 하지만 자신의 의지가 아닌 강요에 의한 공부가 재미있을 리 없었습니다.

그는 법률보다 오히려 미술에 더 흥미를 가지고 있었습니다. 더구나 엄격한 아버지의 그늘을 벗어났다는 것은 그에게 무한한 자유를 느끼게 해주었습니다. 그는 더 이상 고분고분한 착한 소년이 아니었습니다. 그는 자신이 누리고 있는 자유를 만끽했습니다. 자신의 몸이 상하는 것도 모른 채 말입니다. 결국 그는 대학에 간 지 3년 만에 피를 토하고 집으로 돌아오고 말았습니다.

이때 그는 이전과는 다른 새로운 경험들을 하게 됩니다. 집에서 요양을 하던 중 어머니의 친구였던 크레텐베르크의 영향으로 경건파의 신앙을 접하게 된 것입니다. 훗날 크레텐베르크는 《아름다운 영혼의 고백》의 모델이 되기도 합니다. 신비주의와 중세의 연금술에 대해서도 깊은 관심을 갖게 된 것도 바로 이때였습니다.

하지만 병이 나은 후 괴테는 스트라스부르 대학에서 다시 법률 공부를 해야 했습니다. 아버지의 권유를 뿌리칠 수 없었던 것입니다. 그런데 이것이 그의 인생의 전환점이 될 줄은 아무도 몰랐습니다.

법률 공부를 해야 했지만 감성마저 봉쇄당한 것은 아니었던 괴테는 이 무렵 문학가 헤르더를 만났습니다. 그는 괴테에게 새로운 문화적 충격을 안겨주었습니다. 그리고 이것은 그의 일생을 결정하는 큰 계기가 되었습니다.

바로 그로부터 그리스와 로마의 고전과 셰익스피어의 작품들, 그리고 민요 등을 배웠고, 이를 통해 괴테는 셰익스피어의 위대함을 발견했습니다. 그는 이제 이전에 보았던 로코코 문학의 엄격함을 벗고 인간 본연의 감정을 자연스럽게 표현하는 작품에 심취하게 되었습니다.

사랑과 문학

괴테는 사랑이 많은 사람이었습니다. 그의 첫사랑은 그레트헨이었습니다. 15세에 첫사랑에 실패한 그는 스트라스부르 대학을 다니던 시절 근처 마을에 살던 프리데리케와 사랑을 나눴습니다. 목사의 딸이었던 그녀는 그에게 전원의 아름다움을 가르쳐주었지요. 그들은 약혼까지 하며 미래를 약속했습니다. 그러나 괴테는 일방적으로 파혼을 선언하고 그녀를 떠났습니다. 그는 그 일로 한참을 괴로워했습니다. 그녀를 버렸다는 마음의 부담과 회한은 훗날 그의 시의 주제가 되기도 합니다.

대학을 졸업하고 변호사가 된 괴테는 고향에서 변호사 사무실을 차렸습니다. 그리고 다음 해에는 제국의 고등법원 실습생이 되었습니다. 그 때문에 그는 몇 달 동안 베츨러에 머물러야 했습니다. 그런데 이곳에서 괴테는 평생을 두고 잊지 못할 사랑을 하게 되었습니다. 그가 사랑한 사람은 샬로테 부프였습니다. 그러나 그녀와의 사랑 역시 이루어지지 않았습니다. 그는 이때의 이루지 못한 사랑을 《젊은 베르테르의 슬픔》이란 작품으로 발표했습니다. 이 작품은 그에게 작가로서의 명성을 얻게 해주었을 뿐 아니라 독일적인 개성 해방을 부르짖던 문학 운동, '슈투름 운트 드랑 Sturm und Drang(질풍노도)'의 중심인물로서 활발한 창작활동을 하는 계기를 마련해주었습니다.

샬로테 부프에게 실연을 당한 다음 해인 1775년에 바이마르 공국의 젊은 대공인 카를 아우구스트의 초청을 받은 괴테는 바이마르로 떠났습니다. 그리고 그곳에서 여러 공직을 걸치며 치적을 쌓았고, 재상에 올라 10년 남짓 국정에 참여하는 등 정치인으로서 새로운 삶을 살았습니다. 또 지질, 광물을 비롯한 자연과학의 연구에 몰두하기도 합니다. 심지어 비교해부학의 선구자가 되기도 합니다. 이 무렵 그의 곁에는 한 여인이 있었습니다. 바로 12년 동안이나 사랑을 나눴던 샤를로테 폰 슈타인 부인이었습니다. 1786년 괴테가 이탈리아로 여행을 떠나면서 그들의 사랑은 끝이 나버렸지만 그녀로 인해 괴테는 예술적 완성이란 점에 있어 큰 영향을 받았습니다. 이탈리아에서 그림을 그렸던 그는 1천여 점의 스케치를 완성하는 와중에도 《타우리스 섬의 이피게니》와 《에그몬트》라는 희곡을 써 그녀에게 바쳤을 정도로 그에게 그녀는 특별한 존재였습니다.

그가 가정이란 울타리 안에서 행복을 느끼기 시작한 것은 1788년 바이마르로 돌아와 가난한 집안의 딸이었던 크리스티아네 불피우스라는 여인과 동거를 하기 시작하면서부터였습니다. 그리고 1806년에 비로소 정식으로 결혼하여 가정을 꾸렸습니다. 결혼은 그에게 안정을 선물해주었습니다. 그리고 문학적으로도 완성도 있는 작품을 쓸 수 있게 해주었습니다. 시인과 궁정 사람의 갈등을 그린 희곡 《타소》, 관능의 기쁨을 노래한 《로마 애가》, 과학 논문인 《식물 변태론》 등이 모두 이 시절에 발표되었습니다.

그러나 그의 사랑이 다한 것은 아니었습니다. 74세의 나이로 19세의 소녀를 사랑했을 정도로 인간에 대한, 여인의 대한 사랑은 마르지 않았던 것입니다. 그리고 그의 사랑은 《젊은 베르테르의 슬픔》이나 《마리엔바더의 비가》와 같은 작품으로 태어났습니다. 바로 그의 순수한 사랑이 위대한 작품으로 승화된 것입니다.

괴테의 문학과 사상

1786년 이탈리아로 여행을 떠난 괴테는 생애에 있어 큰 전환점을 맞았습니다. 이때부터 그는 이전의 '슈투름 운트 드랑'의 어두운 정열에서 벗어나 고전주의 예술로 몰입하게 된 것입니다. 이런 성향은 1791년 궁정극장의 감독이 된 후 고전주의 연극 활동을 시작하게 되는 계기가 되었습니다.

또 그에게는 사랑만큼이나 귀한 우정이 있었습니다. 바로 실러와의 우정이었습니다. 괴테가 실러가 기획한 《호렌 Horen》이란 잡지를 적극적으로 협력하면서 맺어진 그들의 우정은 실러가 먼저 죽어 서로의 길이 달라질 때까지 이어졌습니다. 이념주의자였던 실러는 자연주의자였던 괴테에게 큰 영향을 끼쳤습니다. 그동안 중단되었던 《파우스트》를 다시 쓰게 된 것도, 《빌헬름 마이스터의 도제 시절》과 서사시 《헤르만과 도로테아》가 발표된 것도 모두 실러가 그에게 큰 용기를 주었기 때문이었습니다. 이로써 그는 '현재의 완성을 추구하는 독일의 고전주의'를 확립했습니다.

실러의 죽음과 함께 만년을 맞이한 괴테는 '세계문학'의 제창과 그 실천 문제에 관심을 가졌습니다. 당시 괴테는 이미 유럽문학의 최고 위치를 차지하고 있었습니다. 또 프랑스, 영국, 이탈리아는 물론 신대륙 미국의 문학까지도 조망할 수 있는 학식과 시야가 있었습니다. 그래서 그는 각 나라의 국민문학의 교류를 주창했습니다. 그리고 젊은 세대를 위한 세계문학적인 시각을 가져야 한다고 주장했습니다.

그는 고령의 나이에도 끝없는 창작활동을 펼쳤습니다. 과학과 그림에도 뛰어난 천재성을 유감없이 보여줬습니다. 23세에 시작해서 죽기 바로 전 해인 83세에 완성한 평생의 역작 《파우스트》만 보더라도 그가 얼마나 지칠 줄 모르는 정열의 소유자였는지 알 수 있을 것입니다. 바로 이런 순수한 열정이 그를 독일 문학뿐만 아니라, 세계문학사에 길이 남는 위대한 작가로 만든 것입니다.

괴테's 생각의 노트

   괴테를 위대한 문학가라고 하는 것은 《파우스트》나 《젊은 베르테르의 슬픔》 같은 불후의 명작을 남겼기 때문입니다. 그러나 그보다는 예술적 장르를 가리지 않고 자신의 역량을 맘껏 발휘했다는 점에 주목해야 합니다. 지질학, 광물학, 비교해부학 등의 과학과 미술……. 그는 각 분야마다 뛰어난 결과물을 남겼습니다. 이것은 하나에만 매달리지 않고 자신의 원하는 삶을 위해 다양하게 경험하는 개척정신을 가지고 있었기 때문에 가능했던 것입니다. 경험해보지 않으면 내게 맞는지 맞지 않는지 알 수 없습니다.

   위대한 인물은 보통 사람들과 2%가 다르다고 합니다. 이 2%는 타고난 천재성의 차이가 아닙니다. 2%는 바로 열정과 노력, 실천의 차이입니다. 바로 2%가 부족하다는 것은 당신에게 열정과 실천의 의지가 있느냐의 문제입니다. 열정과 실천은 재능보다 유효한 성공의 힘입니다. 우리가 괴테를 기억하고 기리는 것은 바로 그에게 이 2%가 있었기 때문입니다. 모든 일에 열중한다는 것, 그것이야말로 성공적인 인생을 위한 최고의 선택이며 최대의 방책이라는 것을 괴테는 자신의 온 생애를 던져 우리에게 말해주고 있습니다.

현실의 탁월한 묘사

찰스 디킨스 Charles Dickens (1812~1870)
영국의 대표적 소설가
주요 작품 : 《올리버 트위스트 Oliver Twist》,《위대한 유산 Great Expectations》,
　　　　　 《크리스마스 캐럴 A Christmas Carol》

글쓰기를 좋아했던 가난한 소년

영국 남쪽 포츠머스, 해군 경리국에서 하급 관리로 일하는 남자에게 아들이 태어났습니다. 그는 마음씨가 좋은 사람이었지만 돈에 관한 한 너무도 욕심이 없는 사람이었습니다. 때문에 그의 아들은 어린 시절부터 빈곤에 시달려야 했습니다. 다른 친구들은 학교를 다녔지만 그의 아들은 학교에 가는 친구들을 부러운 눈으로 바라보아야만 했습니다.

아이는 12세가 되자 공장에 가서 일을 했습니다. 어린 나이에 견디기 힘든 노동이었지만 가난한 집안 형편 때문에 그만둘 수도 없었습니다. 아이는 이를 악물고 일을 했습니다. 하지만 고된 노동보다도 더욱 견디기 힘들었던 것은 공부를 하고 싶으나 할 수 없는 상황이었습니다. 그의 어린 가슴속에는 공부에 대한 열망으로 가득 차 있었던 것입니다.

훗날 그는 자신이 어떻게 글을 쓰기 시작했는지 기억하지 못했습니다. 누군가에게 배운 일이 없었기 때문이었습니다. 아이는 틈틈이 글을 썼습니다. 잘 쓴 글인지 잘 못 쓴 글인지 알 수 없었지만 아이는 날마다 눈꺼풀에 무겁게 매달리는 잠을 쫓아내며 글을 썼습니다. 그만큼 아이는 글쓰기를 좋아했던 것입니다. 그렇게 글을 쓰기 시작한 아이를 지금 우리는 위대한 작가, 찰스 디킨스로 부르고 있습니다.

끝임없는 도전 앞에 불가능은 없다

어느덧 청년이 된 디킨스는 자신이 쓴 원고를 탈고할 때마다 정성껏 출판사에 보냈습니다. 그러나 그 어떤 곳으로부터도 원고가 채택되었다는 말을 듣지는 못했습니다. 이름도 처음 듣는 무명작가의 원고를 흔쾌히 받아줄 출판사는 그 어디에도 없었던 겁니다. 그러나 그는 실망하지 않고 글을 썼고, 또 계속해서 출판사에 원고를 보냈습니다. 그러던 어느 날 한 출판사로부터 연락이 왔습니다.

"당신의 원고를 책으로 낼 생각입니다. 앞으로 좀 더 좋은 작품을 쓸 거라고 믿습니다만 지금 당장은 원고료를 지불할 수 없을 것 같습니다."

디킨스에게 돈을 받을 수 없다는 것은 별로 중요한 일이 아니었습니다. 중요한 건 그의 원고가 책으로 만들어져 나온다는 것이었습니다.

'내 책이 나온다고! 아, 내게 이런 행운이 오다니? 이, 이게 정녕 꿈은 아니겠지……'

집으로 향하는 그의 발걸음은 날개가 달린 것처럼 가벼웠다고 합니다.

작가로서 날개를 활짝 펴다

1836년 비로소 그의 첫 번째 책 《보즈의 스케치》가 출간되었습니다. 이듬해엔 장편 《피크위크 페이퍼스》 등의 작품들이 발표되었습니다. 특히 그중에 《올리버 트위스트》는 폭발적인 인기를 끌며 그를 명실상부한 작가로서의 위치에 오르게 했습니다. 그 후 《니콜라스 니클비》, 《골동품 상점》, 《크리스마스 캐럴》, 《바나비러지》, 《돔비와 아들》 등 장편소설, 중편소설을 발표하며 왕성한 활동을 펴쳤습니다.

그의 작품은 발표될 때마다 세간의 이목을 집중시켰습니다. 그것은 당시 영국의, 특히 런던의 가난하고 비참한 사람들의 모습이 그의 작품 속에 생생하게 묘사되어 있었기 때문이었습니다. 바로 그는 어린 시절 자신의 가난했던 생활을 그림을 그리듯 글로 옮겨놓았던 것입니다. 이는 독자들로 하여금 현재 자신의 모습과 주변을 돌아보게 했을 뿐만 아니라 많은 작가들로 하여금 이념이나 종교가 아닌 현실에 관심을 갖게 하는 계기가 되었습니다.

디킨스는 자전적인 소설 《데이비드 코퍼필드》를 쓰기 시작한 1850년부터는 이전과는 다른 성향을 보입니다. 이전의 작품들이 한 주인공의 성장과 경험을 중심으로 한 것이었다면, 이 시절부터는 상당한 수의 인물들을 등장시켜 사회의 여러 계층을 폭넓게 바라보는 데 주안점을 둔 작품들이 발표되었습니다. 이른바 파노라마적 사회소설로 접근해간 것입니다. 특유의 유머가 사라지고, 개인의 힘으로는 어쩔 수 없는 사회의 벽을 실감하면서 느끼게 되는 무기력이 그의 소설 전반에 걸쳐 나타나게 된 것도 바로 이때부터였습니다.

사회가 그를 어두운 성격의 사람으로 만들고, 더불어 그의 작품까지 어둡게 했지만 창작에 대한 그의 열정은 식지 않았습니다. 오히려 글을 쓰도록 부추겼습니다. 공장 직공의 파업을 다룬 《고된 시기》와 프랑스혁명을 소재로 한 역사소설 《두 도시 이야기》, 그리고 자서전적 소설 《위대한 유산》 외에도 수많은 단편과 수필을 발표하면서 작가로서 이름을 떨쳤습니다. 또 잡지사를 경영했고, 자선사업에 참여했으며, 연극이나 공개 낭독회를 개최하는 등 정력적으로 활동했습니다.

그 결과 디킨스는 '영국과도 바꾸지 않는다'는 셰익스피어와 대등한 인기를 누리는 세계적인 작가가 되었습니다.

디킨스's 생각의 노트

    디킨스는 평생 학교라고는 4년밖에 다니지 않았지만 세계적인 작가가 되었습니다. 그는 공부는 할 수 없었지만 졸린 눈을 비벼가면서도 글 쓰는 것을 멈추지 않았습니다. 출판사마다 퇴짜를 받았고 조롱을 받았지만 그는 글쓰기를 포기하지 않았습니다. 그런 정열과 도전 정신이 그를 세계적인 작가로 만든 것입니다. 바로 글은 학력이 아닌 노력으로 쓰는 것입니다.

    '젊어서 고생은 사서도 한다'라는 속담이 있습니다. 디킨스의 어린 시절은 그야말로 가난과 고난의 연속이었습니다. 학교 대신 공장을 다녀야 했고, 그러면서도 항상 배고픔을 견뎌야 했습니다. 보통은 그런 고통의 기억들을 잊고 싶어 합니다. 하지만 디킨스는 달랐습니다. 자신이 살아온 고단한 시절을 그냥 잊어버리려 한 것이 아니라 글 쓰는 재료로 이용했습니다. 바로 현실을 작품으로 승화시킨 것입니다. 기억하십시오. 지금 여러분이 겪고 있는 갑갑하고 고통스러운 현실이 성공적인 미래의 자양분이 될 수 있다는 것을 말입니다.

러시아 문학의 거대한 산봉우리

래프 N. 톨스토이 Lev Nikolaevich Tolstoi (1828~1910)
러시아 작가, 사상가, 문명비평가
주요 작품 : 《부활 Voskresenie》, 《안나 카레니나 Anna Karenina》,
《전쟁과 평화 Voina i mir》

 작가의 길에 들어서다

톨스토이의 고향은 남부 러시아 야스나야 폴랴냐입니다. 그는 그곳에서 부유한 명문 백작가의 넷째 아들로 태어났습니다. 무엇 하나 부족함이 없는 축복받은 탄생이었습니다. 그러나 불행이 그를 찾아왔습니다. 그가 2세가 되었을 때 어머니를 잃고 만 것입니다. 그리고 모스크바로 이주한 8세 때 아버지마저 잃고 말았습니다. 결국 어린 톨스토이는 친척집에 맡겨졌고, 전과는 달리 불행한 어린 시절을 보내야 했습니다.

성장한 톨스토이는 카잔 대학에 입학했습니다. 하지만 공부는 더 이상 그에게 기쁨을 주지 못했습니다. 그래서 그는 중퇴를 하고 고향으로 돌아가 부모님께서 남겨주신 토지의 지주로서 농민들의 생활을 개선시키는 데 노력했습니다. 하지만 공부만 했던 그가 농사에 대해서나 농민에 대해서 아는 게 있을 리가 없었습니다.

피나는 노력에도 불구하고 그가 벌이는 일은 모두 실패하고 말았습니다. 큰 충격을 받은 그는 방황하기 시작했습니다. 그래서 나쁜 친구들과 어울려 방탕한 시절을 보냈습니다. 그때는 새로운 세상이 그를 향해 손짓하고 있다는 것을 그는 물론이고, 아무도 몰랐습니다.

1852년, 형의 권유로 카프카즈 군대에 들어간 그는 그곳에서 창작을 시작했습니다. 그리고 마침내 처녀작 《유년시대》를 완성시켰습니다. 익명으로 발표한 이 소설은 네크라소프로부터 격찬을 받기도 했습니다. 또 1854년에는 《소년시대》와 《세바스토폴 이야기》를 발표하여 청년작가로서의 지위를 확고히 했습니다.

신의 품에 안기다

1857년 군대에서 제대한 톨스토이는 서유럽으로 여행을 떠났습니다. 그들의 화려한 문명을 살펴보기 위해서였지만, 서유럽은 그에게 실망만 안겨줬습니다. 얻은 것도 없이 귀국한 그는 인간 생활 속에서의 조화를 추구하던 진취적인 성향을 버리고 내적 성숙을 추구하는 조용한 사람으로 변했습니다.

그 후에도 그는 집필을 계속했습니다. 그리하여 나폴레옹이 모스크바를 침공했던 시절의 러시아 사회를 그린 불후의 명작 《전쟁과 평화》와 《안나 카레니나》를 연이어 발표해서 작가로서 큰 명성을 얻었습니다. 그러나 그는 죽음에 대한 공포, 삶에 대한 무상이란 문제 때문에 몹시 혼란스러웠습니다.

과학과 철학, 예술 등에서 그 해법을 구하려 했지만 답을 얻지 못하고, 결국 종교에 의탁하게 되었습니다. 그리고 《교의신학비판》, 《요약 복음서》, 《참회록》, 《교회와 국가》, 《나의 신앙》 등의 작품을 쓰면서 그는 그동안 혼란스러웠던 자신의 사상을 체계화했습니다. 우리는 지금 그때 완성된 그의 사상을 '톨스토이주의'라고 합니다.

그의 사상은 타락한 그리스도교를 배제하고 사해동포 관념에 투철한 원시그리스도교로 복귀하자는 것을 골자로 하고 있습니다. 바로 근로, 채식, 금주, 금연을 표방하고, 간소한 생활을 영위하며, 악에 대한 무저항주의와 자기완성을 신조로 삼아야 한다는 것입니다.

특히 톨스토이는 사랑의 정신으로 전 세계의 복지에 기여하자고 주장했는데, 그의 이런 사상은 1885년에는 급기야 사유재산의 부정으로 이어졌습니다. 이 일로 부인과 크게 충돌했고, 결국 모든 경제권과 저작권까지 아내에게 빼앗기고 말았습니다.

그 후로도 톨스토이는 많은 작품을 썼습니다. 그의 작품은 많은 작가에게 영향을 주었고, 지금도 세계에서 가장 많은 독자를 가지고 있습니다.

그의 사상을 잘 보여준 소설 《부활》을 비롯하여 《신부神父 세르게이》, 희곡 《산송장》, 단편 《무도회의 뒤》, 《병 속의 아료샤》, 논문 《종교와 도덕》, 《톨스토이주의에 대하여》, 《현대의 노예제도》, 《자기완성의 의의》, 《유일한 수단》, 《세 가지 의문》, 《셰익스피어론》, 《유년시대의 추억》, 《러시아 혁명의 의의》, 《마을의 노래》, 그리고 최후의 대작 《인생의 길》 등이 바로 그가 우리에게 선물한 위대한 작품입니다.

톨스토이주의의 창시자

톨스토이는 도스토예프스키와 함께 19세기 러시아 문학의 대가이자 세계적인 대문호입니다. 하지만 그도 보통 인간이었습니다. 죽음을 두려워했고, 종교적으로도 혼란을 겪었습니다. 또 신념으로 인해 부인과 갈등도 겪었습니다. 그의 결혼생활은 한마디로 불행, 그 자체였다고 합니다.

아무튼 그는 가정생활의 불행을 딛고 '톨스토이주의'의 창시자이자 실천자로서 자신의 주장을 펼쳤습니다. 착취에 기초를 둔 일체의 국가적, 교회적, 사회적, 경제적 질서를 비판하고 동시에 그 부정을 폭로했으며, 지상에 '신국(神國)'을 건설하기 위해서는 인간의 도덕적 갱생이 필요하다고 주장했고, 폭력을 부정함으로써 악에 대항했습니다. 그리고 기독교적 인간애와 자기완성을 주창하였습니다. 한마디로 그는 불세출의 작가이며 철저한 자기완성을 추구한 종교인이었으며, 또한 위대한 사상가였습니다.

톨스토이's 생각의 노트

　톨스토이의 생애가 빛나는 것은 불후의 명작을 남겼기 때문입니다. 하지만 그런 명작을 남길 수 있었던 것은 신념이 있었기 때문입니다. 악에 대항하고 인간을 사랑하며, 자연과 조국을 사랑했기 때문에 가능했습니다.

　우리는 톨스토이를 위대한 사상가로도 기억합니다. '톨스토이주의'의 창시자이기 때문입니다. 그러나 사상을 만들었다고 해서 위대하다고 하는 것이 아닙니다. 온갖 어려움 속에서도 실천했기 때문에 위대한 것입니다. 실천하지 않는 사상으로는 사람들을 감동시킬 수 없습니다. 실천은 인류의 모든 사상 가운데 가장 훌륭한 사상의 표상이기 때문입니다.

　톨스토이는 부유한 귀족 출신이었지만 그는 청빈한 삶을 살았습니다. 언제나 가난한 이들의 친구로서 자신을 낮췄고, 그들의 고단한 삶을 애달파했습니다. 러시아 사람들은 자신들을 진정으로 사랑해주는 그를 사랑했습니다. 사람들은 조금 있다고 해서 거들먹거리며 군림하려는 사람도, 웃는 얼굴로 마음에 없는 소리를 하는 사람도 좋아하지 않습니다. 사람의 마음을 움직이는 것은 진실이고 진심입니다.

동방의 등불을 노래하다

라빈드라나드 타고르 Rabīndranāth Tagore (1861~1941)
노벨 문학상을 수상한 인도의 시성, 극작가, 사상가
주요 작품 : 시집《기탄잘리 Gītāñjalī》,《원정 The Gardener》

자연이 가르쳐준 사상

타고르는 콜카타에서 태어났습니다. 열네 번째 아들이었지만 부유한 집안이었기 때문에 어려움 없이 잘 자랄 수 있었습니다. 게다가 귀족이자 종교사상가였던 아버지 덕분에 어린 시절부터 인도 고유의 종교와 문학적 소양, 그리고 진보적인 사상을 접할 수 있었습니다. 그러다 그가 영국으로 유학을 떠난 건 그의 나이 17세 때였습니다. 하지만 제도권 교육에 염증을 느낀 그는 1년도 채 안 돼 귀국하고 말았습니다.

타고르는 인도의 대자연과 전통을 사랑했습니다. 그리고 사색을 통해 그것으로부터 삶의 원천을 찾아내려 했습니다. 탁월한 감성의 소유자였던 그는 책읽기를 좋아했으며, 사색하기를 좋아했습니다. 그런 그에게 인도의 원시적 자연은 감성과 사색을 키워주는 생명의 원천이었습니다. 그는 14세 때부터 시를 썼는데, 바로 이런 감성과 사색이 그것을 가능하게 한 것입니다.

타고르의 시는 매우 서정적입니다. 또 깊이가 있었습니다. 철학 속에 시가 있었고, 시 속에 철학이 담겨 있었던 겁니다. 그것은 시인으로서 사상가였고, 사상가로서 시인이었던 그였기에 가능한 일이었습니다. 특히 그는 언어에 있어서 감각이 뛰어났습니다. 뱅골어를 아름답게 승화시킨 것으로는 그를 따라갈 사람이 없을 정도입니다.

열정, 그리고 삶

커다란 키, 반듯한 외모, 풍부한 식견, 펜과 책을 손에서 놓지 않는 공부에의 열정, 고요와 사색을 즐기는 명상가적 기질……. 타고르는 동적이면서도 정적인 사람이었습니다. 반면 매사에 적극적이고 능동적이기도 했습니다. 자신의 문제를 타인에게 떠맡기거나 방치하는 일 따위는 결코 하지 않았습니다. 그래서였을까? 타고르는 늘 한곳에 안주하지 않았습니다. 열두 번이나 세계 여행을 했던 것입니다. 일본에도 세 번이나 갔다고 합니다.

타고르는 열정이 넘치는 사람이었습니다. 70이 넘은 나이에도 그림을 그렸을 정도로 말입니다. 그렇게 그린 그림이 무려 2천여 점이나 된다고 합니다. 물론 많은 시를 남기기도 했습니다. 무려 1천여 여 편이나 됩니다. 그 외에도 작곡, 소설, 희곡 등에도 많은 작품을 남겼습니다.

또 강연에도 열정적이었습니다. 세계 여행을 하는 동안 그는 많은 강연회를 열었습니다. 또 강연회를 통해 토마스만, 아인슈타인, 베르그송, 이츠 같은 세계적으로 유명한 사람들을 만나 친분을 쌓았습니다. 강연회의 주제는 주로 동서 문화에 대해 비평하고, 인도의 사상을 알리는 것이었습니다. 이는 바로 동양, 그리고 조국 인도에 대한 그의 사랑의 크기를 가늠해볼 수 있는 증거라 할 수 있습니다.

타고르는 교육 사업에도 열정적이었습니다. 샨티니케탄(평화학당)을 세운 것입니다. 그는 고대 인도 바라몬교에서 하던 전통적인 방식으로 교육했습니다. 나무 그늘을 교실 삼고, 자유롭게 토론하면서 자연 속에서 진리를 찾았던 것입니다. 그는 이에 멈추지 않고 인도의 전통적인 교육방법을 더욱 확대시키기 위해 학당을 국제적인 비스바바라티 대학으로 발전시켰는데, 그때 그의 나이 61세였습니다. 그 규모가 백만 평에 이르는 이 대학은 무려 20년 동안이나 지어졌다고 합니다.

타고르는 그의 열정을 아낌없이 쏟아내고 80세 때 삶을 마감했습니다. 인도를 대표하는 지식인으로, 위대한 시인으로, 열정을 불태우는 화가로, 인도를 사랑한 사상가로, 그리고 인도 교육의 아버지로 이름을 남긴 채 말입니다.

세계가 인정한 인도의 문학

타고르의 문학적 원천은 인도의 때 묻지 않은 대자연이었습니다. 자연은 그의 문학의 숨결이었고, 그의 사상의 강이었던 것입니다. 그는 그런 자연을 매우 아끼고 사랑했습니다. 그가 자연을 보호해야 한다고 주장한 것은 어찌 보면 너무나 당연한 일이었습니다.

타고르는 단순한 시인이 아니었습니다. 그는 동서 문화를 아우르는 폭넓은 식견을 지닌 지식인이었고 사상가였습니다. 뿐만 아니라 고대 인도의 종교인 바라몬교에 조예가 깊었습니다. 바로 이런 것들이 그가 시를 쓰고, 희곡을 쓰는 데 많은 영향을 주었습니다. 타고난 것이 아니라 열정적으로 탐구하고 연구한 덕분에 얻어낸 성과들이 그를 위대한 문학가로 만든 것입니다.

타고르는 시집 《기탄잘리》로 1913년 아시아에서는 처음으로 노벨 문학상을 수상했습니다. 그는 모국어뿐 아니라 영어에도 능했습니다. 벵골어로 쓴 작품 중 50여 편을 골라 직접 영어로 번역했을 정도로 말입니다. 이 작업은 그를 세계적인 시인으로 발돋움하게 해줬습니다. 아무리 뛰어난 작품이라도 읽을 수 없다면 아무 소용없다는 걸 알고 있었던 것입니다. 또 동양의 찬란한 문화를 서구 사회에 알려줘야 한다는 사명감을 가지고 있었던 것입니다.

우리나라를 일러 '동방의 등불'이라고 노래했던 타고르는 지금도 인도에서 가장 성공적인 삶을 산 인물로 기억되고 있습니다.

타고르's 생각의 노트

자연은 때대로 인간에게 많은 말을 합니다. 꽃의 일생을 통해 인간의 삶을 되돌아보게 하고, 계절의 변화를 통해 자연의 이치를 깨닫게 합니다. 또 그 속에서 살아가는 많은 동물들을 통해 우리 인간의 모습을 보게 합니다. 타고르는 순수한 마음으로 그런 자연이 들려주는 이야기를 들었습니다. 바로 이런 그의 감성이 그를 자연주의 시인이자 사상가로 우뚝 서게 한 것입니다.

타고르가 가장 중요하게 생각했던 것은 인도의 전통이었고, 민족이었습니다. 인도 전통을 계승하는 것이 바로 민족을 발전시키는 것이라고 여긴 것입니다. 서구의 것이라면 무분별하게 받아들이는 지금의 우리하고는 다른 모습이었습니다. 세계는 다양성을 인정합니다. 내 것이 아닌 남의 것으로는 그들보다 위에 설 수 없습니다.

타고르는 전통과 현대를 조화롭게 그의 사상에 접목시켰습니다. 또 독립 운동에도 힘을 쏟았고 미래를 위해 교육에도 헌신했습니다. 누구나 모든 것에 능할 수는 없지만 적어도 열정만큼은 얼마든지 보여줄 수 있습니다. 노력하는 자에게 하늘은 그 뜻을 보여준다는 것을 잊지 마십시오.

미국을 대표하는 최고의 작가

어니스트 M. 헤밍웨이 Ernest Miller Hemingway (1898~1961)
노벨 문학상을 수상한 미국의 대작가
주요 작품 : 《노인과 바다 The Old Man and the Sea》,《누구를 위하여 종은 울리나 For
        Whom the Bell Tolls》,《무기여 잘 있거라 A Farewell to Arms》

경험을 대작으로 탄생시키다

헤밍웨이는 미국 일리노이즈 시카고 교외의 오크파크에서 태어났습니다. 낚시를 좋아하는 의사 아버지와 미술과 음악에 관심이 많았던 어머니 사이에서 그는 훗날 그의 인생과 문학에 끼칠 미묘한 영향들을 받았습니다. 공립학교에서 교육을 받은 그는 고등학교 때부터 글을 쓰기 시작해서 단편소설을 발표하기도 했는데, 그 시절에 이미 활발한 활동을 벌여서 세간의 주목받습니다.

1917년 고등학교를 졸업한 그는 대학에 가는 대신 캔자스시티로 가서 당시 주요한 신문이었던 《스타 Star》지의 기자가 됐습니다. 그러다 이듬해 군에 입대해서 제1차 세계대전에 참전했습니다. 원래 눈에 결함이 있어서 군 입대를 거절당했지만 가까스로 미국 적십자 야전병원의 구급차 운전병으로 입대하게 된 것입니다.

그런데 얼마 안 있어 이탈리아 전선에서 다리에 부상을 입은 그는 영웅적 행위에 대해 훈장을 받고 밀라노에서 입원했습니다. 그는 그곳에서 적십자사 간호사인 아그네스폰 쿠로프스키와 사랑에 빠졌는데, 그녀로부터 결혼을 거절당하는 뼈아픈 경험을 했습니다. 이 경험은 훗날 《무기여 잘 있거라》라는 작품으로 탄생하게 됩니다.

이처럼 그는 자신의 경험을 바탕으로 글을 썼습니다. 신문기자로서 일한 덕분에 상황을 정확하게 바라보는 눈을 가지고 있었던 것도 이런 경험적인 작품을 쓰는 데 큰 도움이 되었습니다. 어머니의 영향으로 갖게 된 예술적 감성과 기자로서 일하면서 얻게 된 분석적이고 냉철한 시각이 그를 대문호로 만들었던 것입니다.

결국 그는 1919년에 휴전과 함께 귀국했고, 건강이 회복된 후 헤들리 리처드슨이라는 여인과 결혼을 해 가정을 꾸렸습니다.

그 후 헤밍웨이는 《토론토 스타 Toronto Star》지의 특파원이 되어 다시 유럽으로 갔습니다. 그는 유럽 각지를 돌아다녔습니다. 그리고 그리스 - 터키 전쟁을 취재하기도 했습니다. 그는 그곳에서 운명적인 만남을 가졌습니다. 피츠제럴드, 거트루드 스타인, 에즈라 파운드와 같은 미국 작가들과 친분을 맺게 된 것입니다. 파리에서 만난 그들은 헤밍웨이에게 작가로서 충고와 격려를 아끼지 않았습니다. 그들과의 만남은 그로 하여금 저널리즘이 아닌 문학의 길을 걷게 만들었습니다. 작가들과의 만남으로 그는 자신의 미래를 바꿨던 것입니다.

그로 인해 탄생한 것이 1925년 뉴욕에서 출판된 단편집 《우리들의 시대에 In Our Time》입니다. 그리고 이듬해에는 장편 《해는 또 다시 떠오른다 The Sun Also Rises》를 발표해서 확실한 성공을 거뒀습니다. 파리와 스페인을 배경으로 한 이 작품은 찰나적이고 향락적인 남녀들을 주인공으로 내세워 전후시대의 풍속도를 적나라하게 묘사해서 세간의 주목을 받았습니다. 이 작품으로 그는 장래가 촉망되는 작가 대열에 합류하게 된 것입니다.

전쟁 속에서 인생을 배우다

그는 첫 번째 부인과 이혼한 뒤 폴린 파이퍼와 재혼했습니다. 그리고 그들은 파리에서 살면서 낚시, 사냥, 스키, 투우와 여행을 즐기며 소설의 자양분이 될 경험들을 쌓았습니다. 훗날 그의 소설은 거의가 이때의 경험을 바탕으로 탄생된 것입니다.

1927년에 그는 《부인 없는 남자들》과 《승자는 아무것도 얻지 못한다》를 발표하면서 단편소설의 대가로서 명성을 얻게 됩니다. 이어서 발표한 장편소설 《무기여 잘 있거라》 역시 비평가들의 찬사를 받았습니다.

특히 헤밍웨이는 네 차례나 방문했을 정도로 스페인을 너무 좋아했는데, 희곡 《제5열 The Fifth Column》은 스페인에 있을 때 쓴 작품이라고 합니다. 또 그만큼 스페인을 배경으로 한 작품도 많이 섰습니다. 장편소설 《누구를 위하여 종은 울리나》도 그런 책 중에 하나입니다. 스페인에서의 다양한 경험을 바탕으로 이 소설은 발표와 함께 많은 인기를 끌었습니다. 그의 작품들 중 가장 많은 부수가 판매된 책이 된 것입니다. 그즈음 그는 스페인에 머물면서 작품을 쓰는것 말고 한 것이 또 있습니다. 바로 세 번째 결혼을 한 것입니다. 그의 세 번째 아내는 작가 겸 저널리스트인 마르타 겔호른이었습니다.

세계는 다시 전쟁의 화염으로 뒤덮였습니다. 제2차 세계대전이 일어난 것입니다. 그는 안락한 생활을 버리고 이번에는 종군기자로 전쟁터를 누볐습니다. 1차대전도 그랬지만 2차대전 역시 그에게 많은 경험을 하게 해줬습니다. 실제로 그의 생애와 전쟁은 불가분의 관계라고 해도 과언이 아닙니다. 전쟁터에서의 경험이 그가 작품을 쓰는 데 소재가 되었을 뿐 아니라 인생에 대한 통찰을 가능하게 해줬던 것입니다.

유럽에서 전쟁이 끝나자 그는 쿠바에 정착했습니다. 그리고 런던에서 만나 친분을 맺은 통신원 메리 웰시와 네 번째 결혼을 했습니다. 1952년에 발표한 《노인과 바다》는 쿠바에서의 경험을 바탕으로 창작한 장편소설인데, 발표되자마자 열광적인 찬사를 받았습니다. 더불어 퓰리처상과 노벨 문학상을 받으며 세계 문단사에 그의 이름을 아로새겨 넣었습니다.

헤밍웨이는 완전히 상반된 두 성격을 가진 사람이었습니다.

재치 있고 쾌활한가 하면 이기적이고 자기중심적이었습니다. 또 삶을 사랑하면서도 죽음에 대한 강박관념에 사로잡혀 있었습니다. 타고난 스포츠맨이면서도 또 지독한 독서광이었습니다. 술을 많이 마시고도 아침 일찍 일어났으며, 관습에 얽매이지 않으면서도 복잡한 생활을 했습니다. 그러다 그는 1961년의 어느 날 엽총 사고로 죽음을 맞았습니다. 지금 우리는 불안과 우울증에 시달리던 그가 자살한 것이라고 추측할 따름입니다.

그가 떠난 지도 벌써 50년이 되어갑니다. 그러나 그의 작품은 그가 살아 있던 시절보다도 더 많은 독자들에게 사랑을 받고 있습니다.

헤밍웨이's 생각의 노트

　헤밍웨이는 전쟁터를 누비며 전쟁이 인간에게 미치는 악영향에 대해 몸소 경험했고, 그것을 작품으로 썼습니다. 실제로 있었던 일은 경험이 됩니다. 그리고 이를 바탕으로 한 글은 독자에게 글의 내용과 현실과 동일시하는 착각을 일으키게 합니다. 그래서 더욱 더 큰 감동을 주는 것이지요. 사람에게 현실만큼 강한 힘을 갖는 것은 없으니 말입니다.

　사색과 경험은 글을 쓰는 데 있어 매우 중요한 요소입니다. 헤밍웨이는 자신의 작품 《노인과 바다》로 이 명제를 우리에게 확인시켜줬습니다. 그는 많은 곳을 여행했습니다. 경험을 위해서라면 전쟁터도 두려워하지 않았습니다. 그런 그의 열정이 그를 노벨 문학상을 수상한 작가로 만든 것입니다.

　모든 성공 뒤엔 치열한 열정과 도전정신이 있습니다. 헤밍웨이 역시 치열한 열정과 도전정신으로 자신만의 문학을 완성시켰습니다. 성공하고 싶다면 자신이 가장 잘하는 일에 과감히 도전하십시오. 열정과 도전은 산을 깎아 바다가 되게 한다는 것을 잊지 마십시오.

장애를 극복한 천재

스티븐 W. 호킹 Stephen William Hawking (1942~)
영국의 우주 물리학자
대표 이론 : '특이점特異點 정리', '블랙홀 증발', '양자 우주론'
주요 저서 : 《시간의 역사 A Briefer History of Time》

밤하늘을 보며 꿈을 꾸다

세계 최고의 우주물리학자인 스티븐 호킹은 1942년 영국 옥스퍼드에서 태어났습니다. 그는 공부를 잘하는 아주 똑똑한 소년이었습니다. 책을 탐독하는 데 많은 시간을 투자했고, 어울려 놀기보다는 무언가는 관찰하는 것을 더 좋아했습니다. 식탁에 앉아서도 책을 보느라 부모님께 꾸중을 들은 것이 한두 번이 아니었습니다. 호킹은 공부하는 게 즐거웠습니다. 몰랐던 것을 알게 되는 것은 그에게 큰 희열이었습니다. 그래서인지 어

117

린 시절 그는 궁금한 일이 있으면 대충 넘어가는 일이 없었습니다. 그것을 알기 위해 많은 질문을 스스로에게 던졌고, 책을 읽었으며, 깊은 통찰력과 날카로운 직관력으로 자신만의 가설을 세웠습니다. 과학이란 어떤 일에 대한 원인과 과정, 그리고 결과를 논리적이고도 체계적으로 분석·연결하는 학문입니다. 이런 점에 있어 그는 매우 탁월한 재능을 가지고 있었던 것입니다.

또 호킹은 밤하늘을 바라보는 것을 좋아했습니다. 밤하늘이 너무나 신비롭게 느껴졌기 때문이었습니다. 과학자가 되기로 마음먹은 호킹은 17세에 주위의 기대대로 영국 최고의 학부인 옥스퍼드 대학에 입학했습니다. 또 1962년 졸업과 함께 이번에는 케임브리지 대학원에 입학해 물리학을 전공했습니다.

그런데 뜻하지 않는 불행이 그를 찾아왔습니다. 박사학위를 준비할 때였습니다. 갑자기 몸에 이상한 증세가 나나타기 시작했습니다. 눈이 많이 내리던 어느 겨울 날, 길에서 미끄러졌던 호킹은 다리에 힘이 빠져 꼼짝도 할 수 없었던 것입니다. 진단 결과는 참혹했습니다.

몸속의 운동신경이 차례로 파괴되어 전신이 뒤틀리다가 끝내는 죽고 만다는 근위축성 측식경화증, 즉 루게릭병에 걸렸던 것

입니다. 게다가 의사는 그에게 2년밖에 살지 못한다는 사형 선
고를 내렸습니다.

불굴의 의지로 새로운 인생을 살다

　시한부인생을 선고받으면 대개의 사람들은 절망하게 됩니다.
그래서 하루하루 다가오는 죽음의 그림자에 쌓여 눈물로 시간
을 보내기 마련입니다. 그러나 호킹은 달랐습니다. 죽음을 두려
워해 숨어버리기보다는 그저 전처럼 자신이 추구하던 목표를 향
해 앞으로 나아갔습니다. 몸은 의사가 예견한 대로 날이 갈수록
굳어졌습니다. 이제는 혼자 일어설 수도, 혼자 앉을 수도 없었습
니다. 하지만 그럴수록 호킹은 놀라운 집중력으로 우주물리학
공부에 전념했습니다.

　절망은 삶을 어둠으로 몰아넣습니다. 그러나 희망은 죽음마
저도 물리치는 법입니다. 그가 그랬습니다. 2년밖에 살지 못한
다는 선고가 무색할 정도로 그는 삶을 이어나갔습니다. 그의 의
지 앞에서 죽음을 몰고 달려오던 병마도 걸음을 멈춘 것 같았습
니다.

그리고 드디어 호킹은 세상을 뒤흔드는 놀라운 이론을 발표했습니다. 즉 '블랙홀은 검은 것이 아니라 빛보다 빠른 속도의 입자를 방출하여 뜨거운 물체처럼 빛을 발한다'는 주장이었습니다. 그리고 '블랙홀이 사라질 때 그것이 빨아들였던 모든 정보도 함께 사라진다'고 주장해 기존의 물리 법칙을 뒤집었습니다. 이는 세계 과학계에 대단한 반향을 불러일으켰고, 그는 세계적인 과학자로 주목을 받기 시작했습니다. 그는 이런 업적으로 1974년 '런던왕립학회' 회원이 되었고, 1980년엔 학자로서는 최고직인 케임브리지 대학 루카시언 석좌교수가 되었습니다. 뉴턴, 디랙에 이어 세 번째로 명예를 얻은 것입니다.

그러나 안타깝게도 그는 1985년 폐렴으로 기관지 절개수술을 받았습니다. 이제 더 이상 그는 스스로의 힘으로는 호흡하는 것도, 말하는 것도 할 수 없게 된 것입니다. 가슴에 꽂은 파이프를 통해 호흡을 하고, 휠체어에 부착된 고성능 음성합성기를 통해서 말해야 했습니다. 하지만 그 시련도 그를 좌절하게는 만들지 못했습니다. 처음 루게릭병에 걸렸다는 것을 알았을 때처럼 묵묵히 연구에만 매달렸습니다.

병마도 죽음도 그를 어둠으로 끌고 가지는 못했습니다.

이론은 언제나 발전한다

호킹의 블랙홀 이론은 발표된 이후 30년 동안이나 진실로 여겨졌습니다. 그런데 '블랙홀이 소멸해도 정보는 남는다'는 서스킨드의 '홀로그램 이론'이 등장하면서 점차 퇴색하기에 이르렀습니다. 학자들의 보통 자신의 이론이 최고라도 떠들어댑니다. 타협하려 하지도 않고, 물러나지도 않습니다. 그런데 호킹은 달랐습니다. 2004년 더블린에서 열린 학회에서 '블랙홀이 사라져도 결국 정보는 남아 있다'는 선언을 하며 자신의 이론을 스스로 철회했던 것입니다. 이런 그의 결단은 과학자로서 대단한 용기였습니다. 학자의 진정성이 무엇인지를 보여준 학자의 표본이라고 할 수 있습니다.

그는 과학자로서의 신념을 잃지 않고 진실을 규명하는 노력을 계속하고 있습니다. 비록 눈꺼풀과 세 손가락을 제외하고는 아무것도 마음대로 움직일 수 없지만 그는 여전히 연구를 계속하고 있습니다. 그의 삶은 인간의 한계를 초월한 절대적 삶, 진실의 표상이라고 해도 전혀 손색이 없을 것입니다. 그는 놀라운 연구 성과와 더불어 삶을 치열하게 사는 아름다운 사람으로 오래도록 기억될 것입니다.

호킹's 생각의 노트

호킹은 자신만 옳다 여기는 꽉 막힌 학자는 아니었습니다. 자신의 학설에 대해 스스로 이론을 철회하는 용기를 보여주었습니다. 남보다 뛰어날 때 우리는 찬사를 받게 됩니다. 하지만 진정한 찬사는 남이 아닌 나를 뛰어넘을 때 자연스럽게 따라옵니다. 잘못된 것을 알면서도 자존심 때문에 굽히지 않는 것은 진정한 자존심이 아닙니다. 잘못을 인정하세요. 그래야 그것을 뛰어 넘을 수 있습니다. 스티븐 호킹은 온몸이 돌처럼 굳는 루게릭병 환자였습니다. 걸을 수도 없고, 숨조차 스스로 쉴 수 없습니다. 휠체어와 온갖 기계장치로 어렵게 삶은 이어나가고 있습니다. 그러나 그는 우울해하거나 좌절하지 않습니다. 세계 최고의 우주물리학자가 되겠다는 꿈을 향해 앞으로만 나아가고 있습니다. 자신을 엄습해오는 죽은 따윈 돌아보지도 않은 채 말입니다. 세상에 의지만큼 강한 것은 없습니다. 바로 그 의기가 기적을 만드는 것입니다. 그는 온몸으로 강한 의지와 신념 앞에서는 죽음도 비껴간다는 것을 우리에게 알려줬습니다. 그는 자신의 인생을 온몸으로 뜨겁게 살아왔고 지금도 그렇게 살고 있습니다.

예술은
인생보다 길다

Chapter **3**

영원한 음악의 성자

루드비히 반 베토벤 Ludwig van Beethoven (1770~1827)
음악의 악성, 고전파 음악의 완성자, 낭만파 음악의 창시자
주요 작품 : 〈운명〉, 〈전원〉, 〈합창〉, 〈장엄미사곡〉

타고난 천재, 만들어진 천재

베토벤은 음악가 집안에서 태어났습니다. 아버지인 요한은 물론이고 할아버지 루드비히까지 모두 음악가였던 것입니다. 베토벤에게 음악적인 재능이 있다는 것을 제일 먼저 발견한 사람 역시 그의 아버지였습니다. 부모들은 대개 자신의 아이가 다른 집 아이들보다 좀 더 특별하기를 원합니다. 베토벤의 아버지도 다르지 않았습니다. 아들의 재능을 확신한 그는 아들을 사람들에게 하루라도 빨리 내놓고 싶어 했습니다. 그래서 4세

밖에 안 된 어린 아들을 피아노 앞에 앉히고, 가혹하다 싶을 정도로 연습을 시켰습니다. 만약 어린 베토벤이 싫증이라도 내는 기색을 보이면 가차 없이 야단을 쳤습니다. 한창 재롱을 피우고 어리광을 부릴 나이에 베토벤은 하루 종일 피아노 앞에서 연습을 해야 했습니다. 어른도 견디기 힘든 인내를 배워야만 했던 것입니다.

베토벤이 7세가 되자 그의 아버지는 기다렸다는 듯 피아노 연주회를 열었습니다. 결과는 대성공이었습니다. 베토벤은 7세라는 나이가 믿기지 않을 정도로 연주를 훌륭하게 해냈고, 연주회를 본 모든 사람들로부터 열렬한 박수갈채를 받았습니다.

미래를 향해 나아가다

홀륭한 예술가가 되기 위해서는 그 분야에 남다른 재능을 가진 것 말고도 중요한 것이 있습니다. 바로 정신적으로, 정서적으로 안정되어야 한다는 것입니다. 대개의 예술가들은 감정의 기복이 심합니다. 이런 감정이 예술적 영감을 주는 것 또한 사실입니다. 그러나 감정적으로 불안하다면 영감은 얻을지언정 작품

으로 승화시킬 수 없습니다. 그런 의미에서 베토벤에게 크리스
찬 고트로프 네페란 스승이 있었다는 것은 진정 행운이었습니
다. 그를 통해 베토벤은 음악뿐만 아니라 정신적, 정서적으로 큰
영향을 받았던 것입니다.

1782년, 베토벤은 궁정예배당 오르간 연주자로 첫 출발을 했
습니다. 그리고 2년 후 정식 단원이 되었을 뿐만 아니라 자신이
그토록 존경하는 모차르트를 만났습니다. 그러나 그는 모든 것
을 버리고 고향의 집으로 돌아가야 했습니다. 어머니의 사망으
로 집안의 생계를 책임져야 했기 때문이었습니다.

그러나 그에게 다시 기회가 왔습니다. 그의 재능을 아꼈던 바
르트슈타인 백작을 비롯한 친구들이 그를 후원해준 것입니다.
그들의 도움으로 베토벤은 빈으로 유학을 갈 수 있었습니다. 후
에 그곳에 정착을 한 그는 그곳 귀족들로부터 지원을 받았습니
다. 그리고 하이든, 살리에리 등에게 사사를 받으며 음악가로서
의 지식과 능력을 키워나갔습니다.

베토벤이 피아노 연주자로 정식 데뷔한 것은 1795년이었습니
다. 이 시기에 그는 〈피아노 3중주곡〉을 발표하여 많은 이들의
찬사를 받았습니다. 그 후 베토벤은 두루 여행을 다녔습니다.

1796년에는 프라하, 드레스덴, 베를린을 여행했는데, 그로부터 얼마 후 〈제1교향곡〉과 여섯 곡의 현악 4중주를 발표했습니다.

불행을 딛고 일어서다

연주자에게 귀는 곧 생명입니다. 연주하는 데 아무것도 들리지 않는다고 가정해보십시오. 독주도 그렇지만 합주는 거의 불가능하다고 해야 할 것입니다. 그런데 베토벤은 바로 이점에 있어 불행한 사람이었습니다. 귓병을 앓기 시작하더니 급기야 진동 말고는 아무것도 들을 수 없는 처지가 되고 만 것입니다.

그는 절망했습니다. 유서를 쓴 후 잘나가던 연주자로서의 활동은 포기하고 맙니다. 하지만 그가 삶을 포기한 건 아니었습니다. 물론 음악도 포기하지 않았습니다. 연주자가 아닌 작곡자의 길을 택한 것입니다. 그는 집 밖으로 나가지도 않고 사람들도 만나지 않으면서 오직 작곡에만 매달렸습니다. 그리하여 〈제2교향곡〉, 오라토리오 〈감람산상의 그리스도〉, 그리고 제3교향곡 〈영웅〉을 탄생시켰습니다.

물론 그가 언제나 성공만 한 것은 아니었습니다. 1805년에 발표한 오페라 〈피델리오〉는 참담한 실패였습니다. 음악을 손질해서 다시 무대에 올렸지만 그마저도 실패했습니다. 그러나 그는 또 다시 음악을 손질했습니다. 그래서 1814년, 초연한 지 9년 만에 보란 듯이 대성공을 거뒀습니다. 유럽 각지에서 〈피델리오〉가 성공을 거두자 많은 귀족들이 베토벤을 후원했습니다. 비로소 안정된 생활 속에서 작곡에 전념할 수 있게 된 것입니다.

황금시절

베토벤은 교향곡과 서곡, 협주곡, 피아노소나타, 바이올린소나타, 실내악 등을 작곡하며 전성기를 보냈습니다. 제5교향곡 〈운명〉, 제6교향곡 〈전원〉, 피아노협주곡 제5번 〈황제〉, 〈장엄미사곡〉, 제9교향곡 〈합창〉 등이 작곡된 것도 바로 이 시기입니다.

하지만 이즈음 베토벤은 그 어떤 소리도 들을 수 없었다고 합니다. 글을 써서 의사표현을 했을 정도로 말입니다. 오직 머리와 가슴이 기억하고 있는 음과 미세하게 전해오는 진동으로 위대한 음악을 창조해낸 것입니다.

베토벤의 음악에는 힘이 있습니다. 하이든과 모차르트가 고전적이라면 그의 음악은 한마디로 다이내믹합니다. 그 힘은 바로 불행을, 역경을 이겨낸 그의 의지의 다른 모습이었습니다. 성실했고, 신념이 깊었던 그는 바로 그런 의지로 자신의 음악을 최고로 이끌었던 것입니다.

베토벤's 생각의 노트

베토벤은 분명 천재였습니다. 그러나 7세라는 나이에 연주회를 연 것이나 훗날 위대한 작곡가가 될 수 있었던 것은 끝없는 노력의 결과였습니다. 우리는 고난을 이기고 자기를 이긴 사람을 성자라고 합니다. 때문에 우리는 베토벤에게 음악의 성자, 즉 '악성'이라는 수식어를 붙이기를 마다하지 않는 것입니다.

베토벤은 음악가에겐 생명과도 같은 청각을 잃었습니다. 하지만 불행하다 여기고 포기하지 않았습니다. 삶에 대한 열정, 그리고 음악에 대한 열정으로 마음의 소리를 들을 수 있었습니다. 마음만큼, 의지만큼, 그리고 열정만큼 강한 것은 없습니다. 그것만 있다면 불가능은 없을 것입니다.

베토벤은 사람들을 사랑했습니다. 그는 사람들의 행복한 모습을 보며 자신이 음악을 하는 이유를 발견했습니다. 명성과 부와 자신의 만족을 얻기 위해서가 아니었습니다. 단지 사람들이 행복하기를 원했던 것뿐입니다. 베토벤이 위대한 이유는 바로 이렇게 사람을 사랑했고, 그래서 사람들을 행복하게 만드는 음악을 하고자 했던 따뜻한 마음이 있었기 때문입니다.

나는 그들을 위해 노래한다

엔리코 카루소 Enrico Caruso (1873~1921)
이탈리아의 전설적인 테너 가수, 벨칸토 창법의 모범

가난은 약간의 시련일 뿐 인생의 전부는 아니다

카루소는 이탈리아 나폴리의 가난한 집안에서 태어났습니다. 가난은 그를 불편하게 했습니다. 먹을 것도 마음대로 못 먹고, 입을 것도 못 입고, 배우고 싶은 것도 배울 수 없었습니다. 친구들이 모두 맛있는 저녁 식사를 하는 동안 카루소는 주린 배를 움켜쥐고 물을 마셔야만 했고, 친구들이 모두 학교에 가서 공부하는 동안 카루소는 집안일을 거들어야 했습니다. 그리고 등교를 하는 친구들을 바라보며 그는 가슴속으로 큰 슬픔을 삼켰습니다. 그런데 그런 그를 보며 그보다도 더 슬퍼한 사람이 있었습니다. 바로 그의 어머니였습니다.

카루소는 씩씩했습니다. 언제나 명랑했고 언제나 웃는 얼굴로 사람들을 대했습니다. 가난에 몸은 힘들었지만, 또 배울 수도 없었지만 그는 반드시 자기가 하고 싶은 일을 하겠다는 열망으로, 그리고 그 꿈을 이룬 자신을 상상하며 하루하루를 힘차게 살았습니다.

노래를 듣는 것도 무척 좋아했지만 자신이 부르는 것을 더 좋아했던 카루소에게는 꿈이 있었습니다. 바로 노래를 하고 싶다는 것이었습니다. 그러나 꿈을 이루기 위해서는 돈이 필요했습니다. 노래 공부를 제대로 하려면 많은 돈이 필요했던 것입니다. 그래서 카루소는 공장에 취직해 기계공으로 일을 하기 시작했습니다. 하루하루가 힘들고 고달팠지만, 꿈이 있는 그에겐 그 정도의 고생은 얼마든지 참아낼 수 있었습니다.

꿈을 향해 도전하다

카루소는 자신의 꿈을 키워줄 선생님을 찾아갔습니다. 선생님은 그에게 노래를 한 번 불러보라고 했습니다. 카루소는 떨리는 마음을 진정시키고, 평소에 갈고 닦은 노래를 멋지게 불렀습니다. 노래를 부르고 난 카루소는 약간 긴장한 눈으로 선생을 바라보았습니다. 선생님은 고개를 좌우로 흔들더니 천천히 입을 열었습니다.

"그런 목소리로는 좋은 가수가 될 수 없어. 아쉽지만 노래에 대한 꿈을 접고, 다른 일을 찾아보는 게 좋겠다."

선생님의 평가는 냉정했습니다. 하지만 카루소는 노래에 대한 열정을 접지 않았습니다. 오히려 더욱 열심히 하는 계기로 삼았습니다.

카루소는 일을 하는 틈틈이 노래 연습을 했습니다. 그럴 때마다 누구보다도 카루소를 사랑했던 어머니는 사랑스러운 눈으로 바라보곤 했습니다. 어머니는 아들이 마음껏 노래를 할 수 있도록 몸을 아끼지 않고 돈을 벌었고, 힘든 일을 마치고 와서도 아들의 노래를 들어주었으며, 또 칭찬을 아끼지 않았습니다. 어머니의 칭찬은 카루소에게 새로운 힘을 주곤 했습니다.

아들과 어머니는 하나의 꿈을 위해 노력했습니다. 그리고 마침내 그 꿈을 이뤘습니다. 미성을 인정받아 드디어 테너 가수로 무대에 서게 된 것입니다.

1894년, 카루소는 그토록 꿈에 그리던 무대에 올랐습니다. 그는 그동안 가슴속에 품고만 있었던 뜨거운 열망을 마음껏 쏟아냈습니다. 그의 목소리는 남자치고는 미성이었습니다. 그래서 그의 노래를 들은 사람들은 천상의 목소리를 듣는 것 같다면서 찬사를 아끼지 않았습니다.

공연이 거듭될수록 성악가로서의 입지는 탄탄해졌습니다. 몬테카를로의 오페라극장과 런던의 코벤트 가든 왕립 오페라극장, 그리고 뉴욕의 메트로폴리탄 오페라극장도 그에게 열광하는 사람들의 환호성과 박수소리로 넘쳐흘렀습니다. 이로써 카루소는 가난한 기계공에서 멋지고 의욕 넘치는 테너 가수로의 화려한 변신에 성공한 것입니다. 그 후 카루소는 테너 가수로서 최고의 영예를 누리며, 메트로폴리탄 오페라극장에서만 무려 607회나 출연하는 영광을 누렸습니다.

카루소는 아름다운 미성과 정확한 기교를 자랑하는 테너였습니다. 또 벨칸토 창법의 모범으로 인정받는 테너 중에 테너였습니다. 하지만 사람들이 그를 사랑한 데에는 노래 말고도 다른 이유가 있었습니다. 바로 그는 진솔한 삶의 태토를 가진 사람이었기 때문이었습니다. 그는 자신의 노래를 듣기 원하는 사람이 있다면 그곳이 어디이든지, 그리고 관객 숫자가 몇 명이든지 가리지 않고 자신의 노래를 들려주었습니다. 그러자 그의 친구들은 카루소에게 세계 최고의 테너가 아무데서나 노래하는 것은 품위 없는 행동이라고 질책했습니다. 그러나 그는 그런 사람들에게 이런 말을 했습니다.

"내 노래를 사랑하는 사람이 있는 곳이 곧 나의 무대다. 그리고 나는 그들을 위해 노래해야 한다. 그것은 나의 의무다."

이처럼 카루소는 프로 정신이 매우 투철한 사람이었습니다. 그가 지금도 많은 사람들에게 사랑과 존경을 받는 것은 바로 그 겸손함과 열정, 그리고 언제나 최선을 다하는 삶에 대한 태도 때문입니다.

카루소's 생각의 노트

  카루소는 힘든 공장 일을 마친 후에도 온 에너지를 쏟아내며 노래 연습을 했습니다. 가수의 꿈을 포기하라는 말을 듣고도 좌절은커녕 오히려 더욱 더 열심히 연습했습니다. 바로 그런 성실한 자세와 꿈을 향해 나아가는 열정이 그를 세계적인 테너로 만들었던 것입니다. 기억하십시오. 의지와 신념은 그가 누구든 그 사람을 변화시키는 가장 열정적인 에너지라는 것을 말입니다.

  카루소는 가난을 오히려 감사하게 생각했다고 합니다. 가난했기에 꿈을 향해 열정적으로 달려 나갈 수 있었기 때문이었습니다. 지독한 가난은 사람을 고통스럽게 하고 힘들게 하는 게 사실입니다. 그러나 가난은 그것을 극복하고 일어서는 사람에게는 행복한 삶을 선물해준다는 것 또한 사실입니다.

  카루소는 유쾌한 사람이었습니다. 가난했던 시절을 겪었지만 한 번도 얼굴을 찌푸리지 않았습니다. 현실이 아무리 괴롭더라도 긍정적으로, 그리고 웃음으로 대한다면 그 고통의 무게는 훨씬 가벼워질 것입니다. 좌절해서 시간을 낭비할 만큼 인생은 길지 않습니다. 웃으세요. 그리고 앞으로 나아가십시오.

영혼으로 부르는 사랑의 노래

안드레아 보첼리 Andrea Bocelli (1958~)
이탈리아 출신의 테너 가수, 1994년 산레모 가요제 우승
대표 노래 : 〈그대와 함께 떠나리 Time to Say Goodbye〉

행복과 불행의 교차

안드레아 보첼리의 고향은 이탈리아 농촌 지역인 토스카나입니다. 그는 그곳에서 포도와 올리브를 재배하는 작은 농가에서 태어났습니다. 어린 보첼리의 음악적 재능은 금방 사람들의 눈에 띄었습니다. 그가 사는 마을이 음악 교육을 시키기에는 여러 가지 어려운 점이 많았는데도 그의 부모는 아들의 재능을 살려주고 싶어 했습니다. 그래서 6세 때부터 피아노 레슨을 받게 했던 겁니다. 보첼리는 고사리 같은 작은 손으로 열심히

피아노를 쳤습니다. 자신을 보며 뿌듯해하는 부모님의 모습은 보첼리의 마음에 음악에 대한 열정을 더욱 강하게 심어주었습니다. 그의 부모는 피아노 외에도 플루트와 색소폰도 가르쳤습니다.

보첼리는 어릴 때부터 유독 오페라 아리아에 많은 관심을 보였다고 합니다. 오페라 가수가 노래를 부르면 어린 보첼리는 넋을 잃고 노랫소리에 귀를 기울였습니다. 어린 나이였지만 노래를 듣고 있는 모습은 너무도 진지했습니다. 그런 아들의 모습을 바라보는 부모의 마음이 더 없이 흡족했던 것은 두말할 것도 없었습니다.

그런데 이토록 정겹고 행복한 그의 집에 불행한 일이 일어났습니다. 보첼리가 12세가 되었을 때였습니다. 친구들과 축구를 하던 보첼리가 그만 머리를 다치는 사고를 당한 겁니다. 큰 사고는 아니었는데 며칠 뒤부터 서서히 시력을 잃기 시작했습니다. 뇌를 다쳤기 때문이었습니다. 그 일로 온 집안은 검은 구름에 휩싸인 듯 암울하고 생기를 잃었습니다.

먼저 털고 일어난 것은 부모님이 아니라 이제는 앞을 보지 못하게 된 보첼리였습니다. 그동안 자신을 위해 가난한 살림 속에서도 자신을 보살펴주셨던 부모님을 위해서라도 그대로 낙담하고만 있을 수는 없었던 것입니다.

대가가 알아본 재능

보첼리는 앞이 보이지 않는 답답하고 힘든 생활을 의지 하나로 버텼습니다. 그리고 어린 나이에도 자신에게 주어진 운명을 자연스럽게 받아들였습니다. 지혜롭게 새로운 삶을 선택한 것입니다. 그는 열심히 공부하기로 결심했습니다. 피사 대학에 진학해 법률을 공부했고, 결국에는 법학박사 학위를 취득하여 변호사가 되었습니다. 그는 여러 해 동안 법률가로서 안정적인 생활을 지속했습니다.

그러나 그의 가슴속에는 어릴 적 시력을 잃으면서 포기한 음악에 대한 미련이 꿈틀대고 있었습니다. 노래하는 가수를 볼 때마다 가슴이 고동쳤습니다. 그는 더 이상 자신을 속일 수 없었습니다. 결국 전설적인 테너, 프랑코 코렐리를 찾아가 그의 문하생이 되었습니다. 변호사 일을 그만뒀기 때문에 생활이 어려웠던 그는 교습비를 마련하기 위해 클럽과 레스토랑에서 피아노를 연주해야만 했습니다. 하지만 노래를 할 수 있다는 것만으로도 행복해했습니다.

노력하는 자에게는 항상 기회가 찾아온다지요? 보첼리에게도 기회가 왔습니다. 1992년 이탈리아를 대표하는 팝스타 주케로와 함께 〈미세레레 Miserere〉라는 노래를 부르게 된 것입니다. 비록 데모 테이프였지만 그의 이름을 알리는 계기가 되었습니다. 특히 그의 노래를 들은 루치아노 파바로티는 감탄을 하며 칭찬을 아끼지 않았다고 합니다. 최고의 테너답게 그의 노래 실력을 단숨에 알아본 것입니다. 주케로는 정규 음반을 만들 때는 파바로티와 녹음했지만, 라이브 공연에서는 바쁜 파바로티를 대신해 보첼리와 함께 노래했습니다.

그의 목소리는 청중들은 매료시켰습니다. 그로 인해 그의 이름이 유럽 전역에 알려지기 시작했습니다. 이어서 주케로의 주선으로 파바로티와 만나게 된 보첼리는 다시 한 번 크게 도약을 하게 됩니다. 그의 진가를 알아본 파바로티가 연말 자선 콘서트에 보첼리를 초대 가수로서 무대에 서게 한 것입니다. 보첼리는 자신에게 주어진 기회에 최선을 다했습니다. 그리고 열광적인 호응을 얻어냈습니다.

영혼을 노래하는 가수

보첼리는 가는 곳마다 돌풍을 일으켰습니다. 그의 목소리에
는 다른 테너들이 흉내 낼 수 없는 그만의 개성이 있었기 때문이
었습니다. 깊은 울림과 떨림이 바로 그것입니다. 사람들은 바로
이점에 매료되었고, 결국 그에게 영혼을 노래하는 가수라는 찬
사를 보내게 된 것입니다.

그를 대표하는 노래라고 하면 〈그대와 함께 떠나리〉(원제:
Conte Partiro)를 들 수 있습니다. 이 노래는 전 세계적으로 공전
의 히트를 기록하면서 국제적인 스타로 발돋움하는 발판이 되어
주었습니다.

그는 전통만을 고집하지는 않았습니다. 클래식에서부터 팝에
이르기까지 소화하지 못하는 장르가 없었던 그는 팝과 오페라
를 접목하여 '팝페라'라는 새로운 장르의 선두주자가 되었습니
다. 갑자기 장애를 입었다는 불행과 남과 다르다는 편견, 그리고
새로운 것에 대한 두려움을 딛고 그는 오로지 목소리 하나만으
로 세계인의 가슴속에 영원히 남는 가수가 된 것입니다.

보첼리's 생각의 노트

보첼리는 아름다운 목소리로 노래하는 최고의 가수입니다. 그러나 그를 최고로 만든 것은 신체적 장애를 극복한 그의 의지와 용기였습니다. 보이지 않는 만큼 노력해야 했고, 남들의 편견과도 싸워야 했습니다. 그 노력이 그를 지금의 자리에 설 수 있게 만든 것입니다.

보첼리는 교습비를 대주지 못하는 부모님을 원망하지도 않았고, 눈이 안 보이는 자신의 처지를 한탄스러워하지도 않았습니다. 미래는 자신에게 달려 있습니다. 앞으로 나아가느냐 주저앉느냐는 바로 여러분의 마음가짐에 달린 문제입니다.

보첼리는 악보를 볼 수 없었기 때문에 귀가 닳도록 들어서 음을 익히고 가사를 외워야 했습니다. 무대에 한 번 서려 해도 공연이 시작되기 전에 여러 번 무대에 올라가 동선을 익혀야만 했습니다. 하지만 그는 얼굴 한 번 찡그리지 않았다고 합니다. 사람들은 노력하는 그의 모습에서 노래와는 다른 감동을 받았습니다. 그래서 그의 곁에는 항상 좋은 스승과 친구들이 있습니다. 노력하세요. 그러면 사람들이 먼저 손을 내밀 것입니다.

입체파 미술의 절대적 선구자

파블로 루이즈 피카소 Pablo Ruiz Picasso (1881~1973)
스페인 출신의 프랑스 화가, 입체파의 선구자, 20세기 최고의 화가
주요 작품 : 〈게르니카 Guernica〉,〈아비뇽의 아가씨들 Les Demoiselles d'Avignon〉

그림은 내 세계의 전부다

5척의 단신에서 뿜어져 나오는 뜨거운 에너지, 넘치다 못해 폭발하듯 터져 나오는 열정, 마르지 않는 창작의 샘, 그리고 이전의 그 누구와도 다른 새로움으로 무장한 그림……. 우리는 이런 이유로 그를 20세기 최고의 화가로 부르는 것에 조금도 주저하지 않습니다. 바로 파블로 루이즈 피카소를 말입니다.

피카소는 1881년 스페인 말라가에서 태어났습니다. 미술 교사였던 아버지의 영향을 받은 것인지 그는 미술적인 재능을 가지

고 태어났습니다. 어린 피카소는 아버지가 그림 작업을 할 때면, 항상 그 모습을 눈이 빠지도록, 그리고 진지하게 바라보았습니다. 어린 나이였지만 그런 그의 모습에서는 엄숙함이 느껴졌고, 그의 눈빛에서는 불꽃같은 에너지가 느껴졌습니다.

그런 열정은 붓을 들 수 정도로 자라게 되자 피카소를 그림 그리는 것에 매달리게 했습니다. 어린 피카소는 마치 자신의 운명이 그림이었다는 것을 알았던 것처럼 그림에 열중했습니다. 그 집중력이란 어른들도 감히 따라가지 못할 정도였다고 합니다. 그렇게 그에게는 그림이 가장 큰 즐거움이었고, 가장 큰 유희였던 것입니다.

피카소가 본격적으로 그림 공부를 시작한 것은 바르셀로나로 이사를 한 14세 때였습니다. 미술학교에 들어가게 된 것입니다. 그곳에서 피카소는 당시 새롭게 떠오르고 있던 프랑스와 북유럽의 화풍을 접하면서 큰 자극을 받았습니다. 그중에서도 르누아르와 툴루즈 로트렉, 뭉크 등의 화법은 그를 매료시켰습니다. 피카소는 밤낮을 가리지 않고 그들의 화풍을 익히는 데 힘썼습니다. 이때의 노력은 훗날 더 큰 세계로 나가기 위한 바탕이 되었습니다.

1876년 피카소는 마드리드로 가서 왕립미술학교에 들어갔습니다. 바르셀로나에서 첫 개인전을 연 것도 바로 이때였습니다. 그러던 어느 해, 그는 보다 더 큰 세상으로 한 발 더 내딛었습니다. 예술의 중심인 프랑스 파리로 여행을 떠난 것입니다. 1900년, 그때 그의 나의 19세였습니다.

파리는 그림에 대한 그의 열정을 증폭시키기에 충분한 곳이었습니다. 그곳에서의 문화적 충격은 다음 해에도 그를 파리로 가게 했습니다. 예술적 영혼들이 가득한 몽마르트, 그리고 그 속에서 자신만의 작품 활동을 하는 자유로운 젊은 보헤미안들과 어울리면서 그들처럼 자신만의 자유로운 그림을 펼쳐나가기 시작했습니다. 이 당시 그는 고갱과 고흐의 영향도 많이 받아 하층계급에 속하는 사람들과 그들의 고단한 생활을 화폭에 담았습니다. 이른바 우울한 '청색시대'의 문은 연 것입니다.

그런 그에게 한 여인이 나타났습니다. 검붉은 머리에 큰 키, 그리고 육감적인 몸매의 페르낭드 올리비에였습니다. 활발한 성격이었던 그녀로 인해 우울한 분위기 일색이었던 피카소의 그림은 새로운 전환기를 맞았습니다. 이른바 '장미빛 시대'로 넘어간 것입니다. 이때부터 그는 중세조각이나 화가 고야가 지니는 단순함과 엄격함을 그의 그림에 가미하면서 더불어 표면에 있는 모습이 아니라 그 속에 담긴 애수를 표현하는 데 주력했습니다. 1905년에 아폴리네르, 그리고 1906년에 마티스와 교류를 가지면서 그의 그림은 나날이 발전해갔습니다.

그런 그에게 또 다시 새로운 변화가 찾아왔습니다. 세잔의 영향을 받아 점점 단순화된 그림을 그리기 시작한 것입니다. 그리고 마침내 그의 작품 중 최고라는 찬사를 받게 된 〈아비뇽의 아가씨들〉을 완성하기에 이릅니다. 이 그림을 통해 피카소는 세잔의 단순화와 아프리카 흑인 조각의 영향을 자신만의 화풍으로 조화를 이뤄냈으며, 비로소 형태 분석을 구체화하기 시작했습니다. 바로 1907년의 일이었습니다.

입체파의 거장으로 우뚝 서다

이 무렵 피카소는 브라크를 만났습니다. 그리고 그와 함께 본격적인 입체파 운동을 벌여나갔습니다. 1909년의 '분석적 입체파'는 1912년에는 '종합적 입체파'로 발전해나갔습니다. 그러는 동안 피카소는 어느새 20세기 최고의 거장으로 추앙받고 있었습니다. 그만큼 그의 그림은 독보적이었고, 새로움 그 자체였습니다.

피카소는 흐르는 물 같았습니다. 끊임없이 새로운 변화를 이뤄냈던 것입니다. 1915년엔 〈볼라르상〉과 같은 사실적인 초상을 그렸는가 하면, 1920년부터는 〈세 악사〉처럼 신고전주의를 표방하기도 했습니다. 또 피카소는 판화와 석판화, 벽화, 도자기 등을 가리지 않고 시도했습니다. 그만의 표현주의로 불리는 기이한 표현법으로 전쟁의 비극과 잔학상을 그린 대벽화 〈게르니카〉나 6·25전쟁을 테마로 한 〈한국에서의 학살〉과 〈전쟁과 평화〉 등도 이런 다양한 시도의 결과였습니다.

피카소는 그림을 완성하는 데 그리 오랜 시간을 필요로 하지 않았습니다. 보통 한 시간 정도면 충분했습니다. 하지만 영감을 얻고, 구상하고, 붓을 들기까지는 많은 시간을 소요했습니다. 즉, 화폭 앞에 앉아 고민하기보다는 삶 속에서, 사람들 속에서 자신이 그릴 소재를 찾아내는 데 더 열정을 쏟았던 것입니다. 그의 그림은 하나의 결과물에 지나지 않습니다. 하지만 그 그림이 감동을 주는 것은 그가 평생에 걸쳐 고민하고 관찰한 결과이기 때문입니다.

피카소는 구상이 끝나면 단번에 머릿속에 있는 그림을 화폭에 쏟아냈습니다. 계획하는 것만으로는 좋은 결과를 얻을 수 없다는 실천자이기도 했던 것입니다. 세상에 대한 애정과 정열적인 실천, 그리고 끊임없는 도전이 그를 20세기의 최고의 화가로 자리매김하게 한 것입니다.

피카소's 생각의 노트

　피카소는 진정한 예술적 가치는 늘 변화하는 데 있다고 믿었습니다. 그래서 도전을 즐겼습니다. 아무도 개척하지 않는 세계를 끊임없이 찾아다녔습니다. 그런 도전과 개척정신은 새로운 분야, 새로운 시도, 그리고 창조를 꿈꾸게 했습니다. 새로운 것을 두려워한다면 우리는 항상 그 자리에서 벗어나지 못할 것입니다. 두려워하지 마십시오. 당신의 용기가 당신을 창조라는 새로운 세계로 이끌 것입니다.

　피카소는 죽을 때까지 아름다운 청년이었습니다. 그림에 대한 열정은 물론이고 세상에 대한, 그리고 사람에 대한 애정이 식을 줄 몰랐습니다. 피카소의 마지막 연인이자 서른의 나이에 여든이 되어가는 피카소와 결혼한 자클린 로크는 이렇게 말했습니다. "나는 이 세상에서 가장 아름다운 청년과 결혼했어요. 오히려 늙은 사람은 나였습니다."

　사람을 늙게 만드는 것은 세월이 아니라 마음입니다. 무언가를 이루고 싶다면 젊은 패기로 계획하고, 실천하십시오. 미래는 문은 저절로 열리지 않습니다. 그 누구도 대신 열어주지 않습니다.

불우한, 그러나 가장 빛나는 거장

빈센트 반 고흐 Vincent Van Gogh (1853~1890)
네덜란드 출신 화가, 표현주의 거장, 태양의 화가
대표 작품 : 〈감자 먹는 사람들 Les Mangeurs de pommes de terre〉,
〈해바라기 Tournesol〉

신학생에서 점원으로, 점원에서 교사로

우리는 램브란트 이후 가장 위대한 화가로 고흐를 꼽는 데 주저하지 않습니다. 또 그만큼 사람들은 강렬한 색채와 결렬한 터치가 돋보이는 그의 작품을 아끼고 사랑하는 것입니다. 하지만 고흐는 살아 있던 시절에는 그렇게 환영을 받지 못했습니다. 지독한 가난, 고독, 예술에 대한 끝없는 집착, 발작 등으로 점철된 고단한 37년의 짧은 생애를 살다 간 불운한 천재였습니다.

고흐는 네덜란드의 프로트 준데르트라는 곳에서 태어났습니다. 목사였던 고흐의 아버지는 아들에게 항상 다른 이들을 돕는 것이 중요하다고 가르쳤습니다. 그것은 어린 고흐에게는 진리였고, 세상의 전부처럼 여겨졌습니다. 그래서 고흐는 너무도 당연하게 아버지와 같은 목사가 되는 것이 자신의 길이라고 여겼습니다. 암스테르담 대학 신학부에 입학한 것도 바로 그런 이유에서였습니다. 그러나 목사가 되는 것은 생각처럼 쉽지 않았습니다. 당장 생활비가 궁했던 고흐는 졸업과 함께 숙부가 있던 프랑스 파리로 갔습니다.

고흐는 화구를 파는 상점을 운영했던 숙부 밑에서 점원으로 일했습니다. 하지만 점원이 되기에 그는 너무 숫기가 없었습니다.

"얘야, 어쩜 그렇게 손님을 상대하지 못하는 거냐? 항상 친절하고 예의 있게 손님을 대해야 한다는 걸 잊었니?"

하루도 숙부의 잔소리를 듣지 않는 날이 없었습니다. 장사로 평생을 살아온 숙부에게는 손님에게 말 한 마디 제대로 건네지 못하는 고흐가 답답하기만 했던 것입니다. 결국 얼마 안 가 해고를 당하고 말았습니다.

그 후 고흐는 정착하지 못하고 이 일 저 일 옮겨 다니기 시작했습니다. 교사도 해봤고, 서점 직원도 해봤으며, 본래의 목표였던 목사가 되기 위해 신학 연구생이 되기도 했습니다. 하지만 그 어느 것도 고흐를 만족시켜주지 못했습니다.

그렇게 자신의 미래를 결정하지 못한 채 전전하던 중에 고흐는 1878년 선교를 위해 보리나즈 탄광지로 가 장티푸스 환자들을 열성으로 간호했습니다. 다른 이를 위해 살아가라는 아버지의 평소 가르침대로 말입니다. 그러나 열악한 환경과 몸을 돌보지 않는 그의 열성은 어느새 그의 건강을 파먹었습니다. 이제 더이상 그곳에도 있을 수 없었습니다. 다른 이들을 돌보기 위해 갔는데 도움을 받는 신세가 될 수는 없었던 것입니다. 결국 그는 모든 것을 접고 헤이그로 돌아왔습니다. 화가가 되겠다는 막연한 꿈과 함께 말입니다. 바로 1880년의 일이었습니다.

새로운 꿈을 꾸다

헤이그는 고흐에게 새로운 희망을 주었습니다. 아니, 그것은 고흐 대신 숙부의 화구상에서 점원으로 일하고 있던 동생 테오가 준 희망이었습니다. 동생 테오가 그림을 적극적으로 권유한 것입니다. 그때부터 고흐는 누에넨에서 그림을 그리기 시작했습니다.

그림은 고흐에게 처음으로 평온이라는 것을 느끼게 해주었습니다. 그림을 그릴 때면 마음이 평안해졌고, 걱정도 없어졌습니다. 비록 동생의 도움으로 하루하루를 먹고 살았지만 그저 그릴 수 있다는 것만으로도 이전에는 느낄 수 없었던 행복을 느꼈습니다. 그때 그는 보잘것없는 자신이나 가난하고 소외 받은 사람들을 화폭에 담았습니다. 내성적이고 소극적인 그의 성격 때문인지 그는 화려하거나 우아한 것들에 대해 그다지 매력을 느끼지 못했던 것입니다. 그 유명한 〈감자 먹는 사람들〉이 바로 이 시절에 탄생된 작품입니다.

그러던 1886년, 동생 테오는 자신을 만나기 위해 파리에 온 고흐에게 조각가 베르나르와 화가 로트렉을 소개해줬습니다. 그리고 고흐는 이들에게서 자신이 걸어가야 할 새로운 길을 발견하게 됩니다. 인상파의 한 부류였던 그들에게서 강렬한 색깔을 발견하게 된 것입니다. 이때부터 그는 그때까지의 어두운 화풍에서 벗어나 밝은 화풍을 추구했습니다.

삶 대신 그림을 선택하다

고흐는 파리 생활에 이내 염증을 느꼈습니다. 내성적인 그에게 파리는 결코 편한 곳이 아니었던 것입니다. 그런 그에게 고갱과 베르나르는 몽마르뜨를 대신할 새로운 '화가들의 공동체'에 고흐를 포함시키고 싶어 했습니다. 그리고 마침내 고흐는 그들의 권유를 받아들였습니다.

결국 그는 보다 밝은 태양을 찾아서 프랑스 남부 아를로 이주했습니다. 그리고 정열적으로 작품에 매달렸습니다. 2년 동안 3백 점의 작품을 완성시킬 정도였습니다.

그러나 고흐와 고갱의 공동생활은 결코 행복하지 않았습니다. 둘은 달라도 너무 달랐던 것입니다. 내성적인 고흐는 자유롭고 독단적인 고갱을 받아들일 수 없었습니다. 의도적으로 자신을 얕잡아보는 고갱의 눈길도 견디기 힘들었습니다. 가벼운 의견 다툼에서 시작된 불화는 결국 고흐가 자신의 귀를 자르는 비극적인 결말을 맞고 말았습니다.

고흐는 이제 정상이 아니었습니다. 신경 발작과 입원을 반복하면서 불행한 시간을 보냈습니다. 그러나 발작이 없을 때에는 그동안의 공백을 메우기라도 하려는 듯 그림에만 매달렸습니다.

바로 그때 〈해바라기〉가 그려졌고, 〈아를의 도개교〉가 그려졌으며, 〈닥터 가셰의 초상〉이 그려졌습니다. 그는 안타깝게도 사막에서 물을 찾듯 평범한 삶 대신 그림이 주는 세계에 스스로 가둬버리고 말았던 것입니다.

열정으로 남겨진 그림들

사람들은 고흐의 작품을 좋아하지 않았습니다. 비평가들은 물론이고 동료들, 모델, 심지어 고흐가 사랑했던 여인조차도 그의 그림을 외면했습니다. 오직 형에게 용기를 주고 싶었던 동생 테오만이 형 몰래 형의 그림을 사들이곤 했을 뿐입니다.

남들이 알아주지 않는 것은 마음 아픈 일이었지만, 고흐는 그렇다고 그림을 포기하지는 않았습니다. 지금껏 그래 왔던 것처럼 그림만 그렸습니다.

고흐는 언제나 외로웠습니다. 그래서 그림에 매달렸습니다. 또 고흐는 그림 속에서 자신을 발견했습니다. 그래서 스스로 외로움을 택했습니다. 그리고 그 외로움을 곧바로 그림으로 옮겨졌습니다.

마침내 그의 노력이 결실을 맺게 되었습니다. 사람들이 그의 그림을 다시 보기 시작한 것입니다. 비록 그가 죽은 지 13년이나 지난 후였지만, 그림에 삶을 송두리째 바친 그의 열정이 결코 헛되지 않았다는 증거입니다.

고흐's 생각의 노트

　누구는 고흐를 '광기의 화가'라고 합니다. 또 누구는 '열정의 화가'라고도 합니다. 광적이다 싶을 정도로 그림에 매달렸던 그였기에 이런 칭호를 받게 된 것입니다. 남들이 뭐라고 하든 아무 상관도 없었습니다. 간혹 자신에 대한 연민과 동정이 들기도 했지만 그럴수록 그는 그림에만 매달렸습니다. 마음에 들지 않는다고, 빨리 성취되지 않는다고 금방 포기하고 옮겨 다녀서는 아무것도 이룰 수 없습니다. 자신에 대한 믿음을 가지고 꾸준히 앞으로만 나아가십시오.

　고흐의 일생은 불행했습니다. 평생 배고픔에 시달려야 했고, 평생 고독을 견뎌야 했으며, 심지어 온전치 않은 정신과도 싸워야 했습니다. 하지만 그에게는 삶의 목표가 있었습니다. 온전치 않은 정신 속에서도 그에게 그림은 삶의 목표였고, 자신의 존재 이유였습니다. 이렇듯 불행한 환경은 목적이 있는 열정 앞에서는 한낱 바람에 흔들리는 촛불과도 같습니다. 목표 있으면 그 어떤 고통 앞에서도 흔들리지 않습니다.

색채의 마술사

마르크 샤갈 Marc Chagall (1887~1986)
러시아 출신의 프랑스 화가, 표현주의 대표 화가, 색채의 거장
주요 작품 : 〈손가락이 7개인 자화상 Self Portrait with Seven Fingers〉,
〈바이올린 연주자 The Fiddler〉, 〈서커스 The Circus〉

색으로 말하는 화가

샤갈의 그림은 한마디로 화려한 색채의 향연입니다. 그 화려함은 환상적인 느낌을 불러일으킵니다. 마치 온갖 색으로 찬란한 숲 속을 걸어가는 것처럼 말입니다. 그만큼 그는 그 어떤 화가보다도 색을 조화롭게 사용했습니다. 그래서 우리는 그를 '색채의 마술사'라고 부릅니다.

그런데 우리는 샤갈을 프랑스 화가로 알고 있습니다. 틀린 말은 아닙니다. 하지만 고향을 말하라고 한다면 러시아 비테프스

크가 맞습니다. 유태인에 그 뿌리를 둔 러시아 사람이었던 것이
습니다.

샤갈은 어려서부터 그림에 관심이 많았습니다. 이미 8세에 화
가가 되어야겠다고 결심했을 정도였습니다. 1907년 상트페테르
부르크 황실미술학교에 들어간 것도 그 때문이었습니다. 그는
열정적으로 공부했습니다. 하지만 그에게 러시아는 좁은 우물
같았습니다. 그래서 1910년 다양한 그림을 접하겠다는 열망을
안고 예술의 도시 파리로 갔습니다.

파리는 샤갈에게 피카소를 알게 했고, 피카소의 입체파 기법
을 알게 했습니다. 그는 그 새로움에 정신을 잃을 정도가 되었습
니다. 그는 그 문화적 충격과 신선함을 화폭에 옮겼습니다. 그리
고 1년 만인 1911년에 첫 개인전을 열었습니다. 사람들은 그의
그림에 환호했습니다.

그렇게 대중의 주목을 받던 중 제1차 세계대전이 일어났습니
다. 또 러시아 혁명이 일어났습니다. 그에게 혁명은 곧 자유였습
니다. 새롭게 태어난 소련에서 그는 여러 공직을 맡았습니다. 하
지만 그는 정치가가 아니었습니다. 그저 예술가로 살고 싶었던
그는 고향을 떠나고 말았습니다.

샤갈은 파리에 정착했습니다. 그리고 의욕적으로 그림 작업에 몰두했습니다. 가슴이 자유로운 예술가로 살아남은 샤갈은 자신만의 자유로움과 환상으로 가득 찬 새로운 세계를 펼쳐 보이기 시작했습니다. 이는 훗날 초현실주의 미술에 기초가 되었습니다.

다양한 미술세계를 보여주다

샤갈은 회화에만 능했던 것이 아니었습니다. 특히 판화는 1948년 베네치아 비엔날레에서 판화 부문 상을 받았을 정도였습니다. 또 조각, 벽화, 스테인드글라스, 도자기를 비롯해 무대장식에 이르기까지 폭 넓은 작품 활동을 한 것으로도 유명합니다. 뉴욕 메트로폴리탄 오페라극장의 벽화와 파리 오페라극장의 천장화도 그가 그린 것입니다. 이때의 작품들을 통해 샤갈은 초기 입체파의 영향에서 벗어나 점차 슬라브의 환상과 유대인의 신비성을 조화시킨 독자적인 개성을 확립했습니다. 자신만의 개성이 확립된 것입니다.

또 샤갈은 동화 같은 환상이나 고향의 생활, 하늘을 나는 연인들이란 주제를 즐겨 다뤘는데, 이때 사용한 자유로운 공상과 다양한 색채의 기법은 보는 사람들로 하여금 탄성을 자아내게 했고, 또 순수의 세계로 빠져들게 했습니다. 그것은 이전의 작품들에서는 볼 수 없었던 그만의 매력이었습니다. 그 순수함과 형식에 얽매이지 않는 자유로운 마음이 그를 세기의 거장으로 만든 것입니다.

샤갈's 생각의 노트

샤갈이 표현주의의 거장으로 불리는 이유는 그 이전, 그 누구에게서도 볼 수 없었던 독특한 화풍에 있습니다. 그런데 이 화풍은 그의 자유로운 상상력에서 나왔습니다. 상상은 자유의 시작입니다. 상상에는 한계가 없습니다. 또 모든 목표와 미래에 대한 설계는 상상에서 출발합니다. 상상하고 꿈을 찾으십시오. 그 속에 분명 당신의 미래가 있을 것입니다.

샤갈의 그림은 이전의 것과는 다른 전혀 새로운 것이었습니다. 하지만 그는 어린아이의 것과 같은 순수함과 자유로운 의지로 모든 인습과 형식을 뛰어넘고자 했습니다. 상식이 언젠나 옳은 것은 아닙니다. 더구나 예술에는 옳은 것도 그른 것도 없습니다.

샤갈은 이렇게 말합니다.

"나는 어느 한 시대의 아들이다. 그리고 우리들은 매일 조금씩 더 젊어지고 있다."

형식은 이것과 저것을 나누는 울타리일 뿐입니다. 과감히 그 울타리를 뛰어넘으시기 바랍니다.

멋진 하모니의 정점

비틀스 Beatles (1956년 결성, 1971년 해체)
영국 출신 4인조 록그룹, 1960년대 세계 최고의 대중음악 그룹
대표 노래 : 〈헤이 쥬드 Hey Jude〉, 〈레 잇 비 Let It Be〉, 〈예스터데이 Yesterday〉

노래를 사랑한 젊은이들

1960년대 수많은 히트곡을 내며 전 세계인들의 사랑을 한 몸에 받았던 록그룹이 있었습니다. 그 존재만으로도 천문학적인 상품 가치를 지녔던 그들은 자신들의 그룹 이름을 거대한 브랜드로 만들기도 했습니다. 세계 굴지의 음반 회사가 가장 선호한 그룹이기도 했습니다. 수많은 찬사와 수식어들이 가치를 가늠하게 하는 그룹, 그들이 바로 비틀스입니다.

비틀스는 영국 출신의 네 젊은이가 모여 만든 그룹입니다. 존

레넌(John Lennon), 폴 매카트니(Paul Mccartney), 조지 해리슨 (George Harrison), 링고 스타(Ringo Star)가 그들입니다. 음악을 좋아한다는 점 말고도 그들에게는 공통점이 있었습니다. 바로 가난한 집안에서 자라났다는 것입니다. 가난에 대응하는 방법은 저마다 다릅니다. 어떤 이들은 가난을 운명처럼 받아들이되 가난에 굴복하지 않고, 그 가난을 극복하려는 의지를 불태웠습니다. 이런 사람은 자신의 인생을 성공을 길로 이끌었지요. 반면 가난의 노예가 되어 자신의 운명을 한탄하며 자신의 삶을 아무렇게나 살아가는 사람들도 있습니다. 그들은 죽을 때까지 가난했고 또 불행했습니다.

비틀스들에게 가난은 음악을 하는 데 아무런 장애가 되지 않았습니다. 그들은 언제나 낙천적으로 음악을 즐겼습니다. 한결같이 음악에 남다른 열정을 가지고 있었던 그들은 음악을 할 수 있다는 것만으로도 행복했습니다. 이런 그들의 인생관은 고스란히 그들의 음악에 배어들었습니다. 그들이 세계적으로 인기를 끌 수 있었던 것은 바로 낙천적인 그들의 생각이 음악에 녹아들어 있었기 때문이었습니다.

비틀스의 탄생

원래 그들은 각자 다른 록그룹에서 활동을 하며 서로 다른 음악 세계를 펼치고 있었습니다. 그러던 중 레넌과 매카트니가 먼저 팀을 이루며 활동을 시작했습니다. 그때가 1956년이었습니다. 해리슨이 이들과 함께하기 시작한 것은 1957년의 일이었습니다. 같은 음악적 색깔을 낼 수 있는 사람이 필요했기 때문에 팀원을 고르는 일이 쉽지 않았던 겁니다.

1960년, 그들은 비로소 비틀스란 이름을 만들었습니다. 그리고 함부르크와 리버풀의 클럽을 중심으로 본격적인 활동을 시작했습니다. 열정적인 그들의 모습은 사람들에게 깊은 인상을 심어주기 충분했습니다. 그러던 중 링고 스타를 영입하며 비로소 네 명의 비틀스로 탄생했습니다.

비틀스는 적극적으로 활동했습니다. 때문에 관객뿐 아니라 음반 업자들의 관심도 끌 수 있었습니다. 1962년과 1963년에 걸쳐 발표한 세 개의 음반은 모두 대중적으로 큰 성공을 거뒀고, 이로써 영국 최고의 인기 록그룹으로 등극하게 되었습니다.

비틀스의 인기는 이제 대서양을 건너 미국을 뒤흔들었습니다. 미국인들은 영국의 록그룹인 비틀스에 열광했습니다. 그들의 음반은 대대적인 선풍을 일으키며 '비틀스 마니아' 라는 새로운 풍조를 만들어냈습니다. 미국 최고 텔레비전 프로그램인 '에드 설리번쇼'에 출현해서 미국인들과 세계인들에게 자신들의 존재를 확실하게 각인시키기도 했습니다.

비틀스 음악에는 열정 외에도 남다른 그 무언가가 있었습니다. 그들은 로큰롤의 황제 엘비스 프레슬리의 영향 아래, 재즈와 록의 장점만을 뽑아내 매력적인 '리버풀 사운드'를 창조해냈습니다. 그들의 음악은 이전과는 달랐습니다. 젊은이들의 열정이 있었고, 자유가 있었고, 도전이 있었던 것입니다. 바로 새로운 것에 대한 도전과 창조정신이 그들을 세계 최고의 그룹이라는 자리에 올려놓았던 것입니다.

그들이 내놓은 음반은 모두 100만 장 이상 팔리는 당시로는 경이로운 기록을 세웠습니다. 하지만 그들은 새로운 것에 대한 도전을 멈추지 않았습니다. 자신감을 바탕으로 보다 새로운 형식의 음악에 도전했습니다. 그래서 탄생한 노래가 우리가 너무도 잘 알고 있는 〈예스터데이 Yesterday〉입니다. 또 복잡한 리듬의 〈페이퍼백 라이터 Paperback Writer〉나 동요풍의 〈옐로 서브머린 Yellow Submarine〉, 그리고 사회적 메시지를 담은 〈엘리너 릭비 Eleaner Rigby〉 등 다양한 형식의 노래들이 같은 선상에서 탄생했습니다. 이것은 그들의 폭넓은 음악 세계를 보여주는 단면이기도 했습니다. 비틀스는 안주하여 머무르는 것을 배격했습니다. 늘 새로운 것에 대한 도전을 보여줬습니다.

예술이란 인간들의 영혼을 맑게 하고, 삶의 평안과 진실성을 갖게 함으로써 행복한 삶에 이르게 하는, 가장 중요한 인식의 깨우침이며 정신적 육체적 행위라고 합니다. 이처럼 중요한 정신적 육체적 삶의 행위에 대해, 비틀스는 탁월한 인식의 눈을 갖고 자신들만의 확실한 음악 세계를 창조하였습니다. 그리고 그것은 곧바로 사람들의 마음에 파고들었습니다. 그렇기 때문에 세계 최고의 음악가로 아직도 기록되고 있는 것입니다.

비틀스's 생각의 노트

비틀스는 가난 앞에서 더욱 강했습니다. 자신들이 사랑하는 음악이 있었기 때문에 가난 따위는 아무렇지도 않았습니다. 꿈이 없는 사람에게는 미래도 없습니다. 꿈이 있다면 아무리 힘든 일이 닥쳐도 이겨낼 수 있습니다. 꿈이 미래를 만들기 때문입니다.

비틀스는 끊임없이 연구하고 노력했습니다. 이미 성공을 거뒀지만 그에 만족하지 않고 새로운 시도를 거듭했습니다. 용기가 있었기 때문이었습니다. 음악에 대한 뜨거운 열정이 있었기 때문이었습니다. 그리고 자기 자신에 대한 겸허한 마음이 있었기 때문이었습니다. 최고에 자리에 있었지만 결코 그것에 자만하지 않았던 것입니다. 더 높은 곳을 향해 가기 위한 노력이 아니었습니다. 바로 자기 자신을 완성하기 위한 노력이었던 것입니다. 그 노력이 그들을 영원한 음악가로 만들었던 것입니다.

영원한 록의 우상

엘비스 프레슬리 Elvis Presley (1935~1977)
미국의 가수 겸 영화배우, 로큰롤의 제왕
대표 노래 : 〈버닝 러브 Burning Love〉,〈러브 미 텐더 Love Me Tender〉

노래 부르는 소년

엘비스 프레슬리는 미시시피의 이스트 듀펠로에서 태어났습니다. 그는 아주 어릴 때부터 독실한 크리스천이었던 부모를 따라 열심히 교회에 다녔다고 합니다. 그의 부모는 가스펠 부르는 것을 매우 좋아했습니다. 때론 온유한 모습으로, 때론 열정에 찬 모습으로 가스펠을 불렀습니다. 가스펠은 그들의 마음을 차분하면서도 온유하게 했고, 또 때론 희열을 느끼게 해줬습니다. 어린 엘비스는 그런 부모의 모습을 보면서 자연스럽게 노래에 가까워졌습니다. 그는 열심히 불렀습니다. 그러면서 점차 노래가 주는 기쁨과 흥겨움을 경험하게 되었고, 그럴수록 그는 노래 부르는 것이 더욱 좋았습니다.

엘비스는 열한 번째 생일을 맞아 기타를 선물로 받았습니다. 그는 하루도 쉬지 않고 키타 연습에 매달렸습니다. 얼마나 열심히 기타를 쳤는지 그의 손가락엔 늘 피가 맺혀 있었습니다. 하지만 한 번도, 단 한 번도 아픈 내색을 한 적이 없었습니다. 그리고 나날이 늘어가는 기타 실력만큼 노래 실력도 나날이 늘어만 갔습니다.

꿈을 향해 솟아오르다

1947년, 엘비스의 가족은 테네시의 멤피스로 이주했습니다. 새로운 환경이었지만 엘비스에게는 언제는 힘이 되어주는 노래가 있었기 때문에 아무 문제없었습니다. 즐겁게 학교 생활을 했고, 더불어 자신의 꿈을 향한 열정을 키워나갔습니다.

1954년에 고등학교를 졸업하고 성인이 된 엘비스는 트럭운전을 하며 생활비를 벌었습니다. 그러던 어느 날 어머니를 위해 〈마이 해피니스 My Happiness〉라는 노래를 녹음하기로 한 것입니다. 그는 녹음실을 찾아갔습니다.

그런데 그곳에서 그는 그 녹음실의 비서였던 마리온 키스커의 눈에 띄게 되었습니다. 엘비스의 노래에서 남다른 재능을 발견했던 것입니다. 엘비스는 이때부터 키스커의 주선으로 몇몇 사람들과 팀을 이뤄 연습생 생활을 하기 시작했습니다. 그리고 몇 달 후 〈블루문 오브 켄터키Blue moon of Kentucky〉와 〈댓스 올라잇 마마 That's allright, mama〉라는 노래를 정식으로 녹음했습니다.

이 노래는 얼마 안 가 라디오를 중심으로 큰 인기를 끌었습니다. 그리고 두 번째 앨범과 세 번째 앨범이 잇따라 히트를 치면서 엘비스라는 이름을 사람들에게 널리 알리게 되었습니다.

엘비스는 미국 남부를 순회하며 공연을 했습니다. 그의 인기는 마치 그 끝이 없을 것만 같았습니다. 이 일을 계기로 엘비스는 비로소 뉴욕에 진출했고, 텔레비전 쇼에 출연하면서 세계적인 스타로 발돋움하게 되었습니다.

세계적인 스타로 우뚝 선 엘비스는 새로운 도전을 시도했습니다. 흑인의 리듬 앤 블루스와 로큰롤을 접목시켰던 것입니다. 그것은 보다 나은 음악, 보다 즐거움을 줄 수 있는 완벽한 음악을 추구하고자 했던 그였기 때문에 가능한 일이었습니다. 그의 시도는 대성공이었습니다. 많은 사람들이 그가 만들어낸 새로운 음악에 열광하기 시작했던 것입니다. 엘비스는 새로운 기록들을 만들어내기 시작했습니다. 최다 차트 앨범, 최다 톱 텐 레코드, 최다 연속 톱 텐 레코드, 24년간 연속 챠트 등 그야말로 그에 대한 사람들의 사랑은 돌풍이었습니다.

엘비스가 항상 찬사만을 받고 살았던 것은 아닙니다. 엉덩이를 흔들고 추는 그의 춤은 보수적인 기성세대로부터 맹렬한 비난을 받았습니다. 그러나 엘비스는 아무런 대꾸도 하지 않았습니다. 그저 자신의 노래만 열심히 불렀습니다.

그러자 기성세대들도 점차 그의 춤이 아닌 노래에 빠려 들어가기 시작했습니다. 즉, 진실된 노래가, 그리고 노래 실력이 보수적인 기성세대의 마음을 움직였던 것입니다.

엘비스는 40이 조금 넘은 나이에 유명을 달리했습니다. 그가 죽은 후 미국은 일종의 공항 상태에 빠진 것 같았습니다. 그를 추도하는 팬들이 그의 묘지에 몰려들었고, 그의 앨범이 무려 4억 8천만 장이나 팔려나갔습니다. 그만큼 사람들은 그를 아끼고 사랑했던 것입니다. 그리고 도전적이었고 열정적이었던 그를 여전히 사랑하고 있습니다.

엘비스's 생각의 노트

엘비스의 성공신화는 우연히 이루어진 것이 아닙니다. 기존의 음악 세계를 뛰어넘는 자신만의 음악을 만들어냈기 때문에 가능했던 것입니다. 도전을 두려워하는 사람은 지금 그 자리에 안주하고 맙니다. 도전하지 않으면, 지금의 나를 뛰어넘지 않으면 지금의 그 자리가 영영 당신의 자리가 될지도 모릅니다. 아니 지금보다 더 밑으로 추락하게 될지도 모릅니다. 앞으로 나아가고 싶다면 엘비스처럼 도전하십시오.

엘비스는 새로운 무대 매너를 탄생시켰습니다. 지금껏 한 번도 볼 수 없었던 새로운 춤으로 사람들을 매료시켰습니다. 하지만 비난도 받았습니다. 변화를 두려워하는 사람들은 변화를 시도하는 것조차도 마땅찮아 합니다. 엘비스는 그런 비난에 당당히 맞섰습니다. 말로 변명을 한 것도, 글로 자신의 주장을 피력한 것도 아니었습니다. 그저 노래로 자신의 진실된 마음을 전하고자 했습니다. 남의 비난을 두려워해서는 아무것도 할 수 없습니다. 참이라고 믿는다면, 그 길이 맞다고 생각한다면 밀고 나가십시오. 그 끝에 여러분이 꿈꾸는 미래가 펼쳐져 있을 것입니다.

영혼을 노래하는 천상의 메신저

스티비 원더 Stevie Winder (1950~)
미국의 가수, 작곡가, 연주자
대표 노래 : 〈아이 저스트 콜드 투 세이 아이 러브 유 I Just Called to Say I Love You〉,
〈파트 타임 러버 Part-Time Lover〉

선천적인 장애를 안고 태어나다

온 정열을 다 바쳐 영혼을 노래하는 가수가 있습니다. 그는 까만 선글라스를 쓰고 머리를 흔들면서 무대를 휘어잡습니다. 그런 그의 노래를 듣고 있노라면 저도 모르게 리듬에 맞춰 어깨를 들썩거리게 됩니다. 내가 서 있는 곳이 어디든, 무엇을 하고 있든 상관없이 그의 음악에 빠져들어 버리고 맙니다. 그리고 가슴 저 깊은 곳으로부터 숙연하게 하게 하는 그 무언가를 느끼게 됩니다. 그가 바로 맹인이지만 세계 정상의 가수로 우뚝 선 스티비 원더입니다.

원더는 미국 미시간 주 새기노에서 태어났습니다. 그런데 그는 태어나면서부터 앞을 볼 수 없었습니다. 하늘이 어떤 색깔인지, 꽃이 어떻게 생겼는지, 자신이 어떻게 생겼는지 아무것도 볼 수 없었습니다. 눈이 아닌 손으로, 그리고 가슴으로 기억하는 수밖에 없었습니다.

하지만 그는 쾌활하고 낙천적이었습니다. 덕분에 자신의 처지를 불행하다고 여기지 않았습니다. 그저 남보다 조금 불편할 뿐이라고, 아니 조금 다른 것뿐이라고 생각했습니다.

모든 것에 적극적인 원더였지만 그중에서도 악기 다루는 것을 가장 좋아했습니다. 더구나 누가 가르쳐주지도 않았는데 제법 연주를 해낼 정도로 뛰어난 재능을 보였습니다. 그는 이미 어린 나이에 뛰어난 연주자가 될 거라는 찬사를 받았습니다. 비록 눈은 보이지 않았지만 남에게는 없는 재능이 있었던 것입니다. 그 재능은 그에게 새로운 희망을 주었습니다. 음악은 그에게 힘과 용기를 주는 원천이었습니다.

새로운 세계를 활짝 열다

원더는 12세였던 1963년에 '리틀 스티비 원더'라는 이름으로 첫 음반을 냈습니다. 모타운 레코드사가 그의 재능을 첫눈에 알아봤기 때문에 가능했던 일입니다. 그 음반을 들은 사람들도 곧바로 그의 재능을 알아봤습니다. 그 결과 음반에 실렸던 〈핑거 팁스 Fingertips〉가 순위 1위에 오르며 대단한 인기몰이를 했습니다. 아이답지 않은 깊은 음색과 옥타브를 넘나드는 음역, 그리고 프로 연주자가 연주했다고 해도 믿을 만한 격렬한 하모니카 연주가 사람들에게 잊지 못할 감동을 주었던 것입니다. 특히 1966년, 그가 직접 작곡한 〈업타이트 Uptight〉는 그를 실력 있는 가수로 크게 인정받게 했습니다.

그의 음악은 나이가 들수록 더욱 폭이 넓어지고, 그만큼 울림의 깊이가 더해졌습니다. 사람들은 그런 그의 음악에 매료되었고 열광했습니다. 그는 해마다 히트곡을 내며 큰 성공을 거뒀습니다. 특히 1984년에 발표한 〈아이 저스트 콜드 투 세이 아이 러브 유 I Just Called to Say I Love You〉가 공전의 히트를 치면서 원더는 미국뿐만 아니라 전 세계의 자신을 이름을 알렸습니다.

원더에게 눈이 보이지 않는다는 것은 단지 작은 불편함이었습니다. 그것은 그가 하고 싶어 하고, 또 가장 잘하는 음악을 하는데에는 걸림돌이 될 수 없었습니다. 사람들은 그에게 열광했습니다. 뛰어난 그의 음악에 열광했고, 장애를 이겨낸 그의 용기에 열광했으며, 항상 낙천적인 그의 삶의 자세에 열광했습니다.

원더에게는 앞을 보는 눈 대신 천부적인 재능이 있었습니다. 하지만 그를 세계 정상의 자리에 오르게 한 것은 재능이 아닙니다. 그는 언제나 성실했습니다. 뜨거운 열정으로 자신만의 독창적인 창법을 만들어냈습니다. 피아노, 하모니카, 드럼에 이르기까지 거의 모든 악기를 아주 능수능란하게 다뤘습니다. 또 언제나 새로운 것을 추구했습니다. 기존의 것을 받아들이되 언제나 자신만의 것으로 재창조했던 것입니다.

그는 재능과 열정, 그리고 성실함을 두루 갖추고 있었습니다. 그의 음악은 대중적으로 큰 인기를 끌었고, 다른 음악가들에게는 신선한 영감을 주었습니다. 그는 지금도 대중에게는 사랑받는 음악가이고, 음악가들에게는 존경받는 스승입니다.

그래서 우리는 그를 20세기 후반의 가장 창조적이고 혁명적인 음악가로 손꼽습니다. 그는 1989년 '로큰롤 명예의 전당'에 그의 이름을 올리며 여전히 우리에게 사랑받고 있습니다.

원더's 생각의 노트

우리는 보통 작은 장애물을 만나면 포기해버리거나 돌아갈 생각을 합니다. 부딪치면 보다 빨리, 보다 멀리 갈 수 있을 텐데도 말입니다. 이는 실패하면 어쩌나 하는 마음에 우리의 용기가 진 것입니다. 하지만 원더는 장애를 불편함 그 이상으로 생각하지 않았습니다. 그가 두려운 마음에 안주했다면 결코 지금처럼 세계적인 음악가가 될 수는 없었을 것입니다.

원더는 언제나 새로운 것을 찾아 나섰습니다. 남과 다른 특이한 창법은 시작일 뿐이었습니다. 남과 같은 것으로는 남을 뛰어넘을 수 없습니다. 베토벤처럼 되겠다는 생각보다 나만의 방식으로 베토벤을 뛰어넘겠다는 생각이 여러분을 보다 더 큰 세계로 이끌 것입니다.

원더는 낙천적이고 초연한 성격의 사람이었습니다. 그는 언제나 희망을 애기했고 언제나 웃는 얼굴로 사람들을 대했습니다. 그런 그의 모습은 많은 이들에게 용기를 주었습니다. 기회는 삶을 포기한 사람에게는 오지 않습니다. 기회가 없다면 성공도 없습니다. 원더는 온몸으로 긍정적인 삶의 자세가 얼마나 사람을 강하게 하는지 보여주고 있는 것입니다.

도전하는 사람이
아름답다

Chapter 4

불세출의 축구 영웅

펠레 Pelé (1940~)
월드컵 3회 우승의 주역인 브라질 출신의 축구 영웅
주요 저서 : 자서전《펠레 Pele》

축구 꿈나무 펠레

무언가 한 분야에서 크게 성공한 사람들은 그 사람만의 특별한 재능이 있기 마련입니다. 그들은 어렸을 때 이미 자신의 재능을 발견했고, 재능을 발현시킬 수 있는 꿈을 꾸었습니다. 이런 사람들은 금방 사람들의 주목을 받게 됩니다. 그리고 사람들의 주목을 받으며 자신의 꿈을 키워나갔습니다. 펠레도 그런 사람이었습니다. 남다른 재능으로 사람들의 이목을 끌었던 축구 천재였던 것입니다.

그의 본명은 에드손 아란테스 도 나스시멘토(Edson Arantes do Nasscimento)였습니다. 그의 아버지 돈 디뇨 역시 축구 선수였습니다. 브라질의 시골 마을인 트레스 코아코레스에서 선수로 활약한 돈 디뇨는 한 경기에 다섯 골도 넣은 적 있는 아주 유명한 축구 선수였습니다. 펠레는 그런 아버지에게서 축구의 기본기를 착실하게 배웠습니다.

어린 펠레는 그런 아버지의 끼를 고스란히 물려받고 태어났습니다. 또 무척이나 축구하는 것을 좋아했습니다. 그는 공부는 물론이고 심지어 밥 먹는 것보다 축구가 좋았습니다. 언제나 공과 함께였습니다. 그는 공을 찰 때가 가장 행복했다고 합니다. 우리 속담에 '잘될 나무는 떡잎부터 다르다'라는 말이 있습니다. 펠레가 바로 그런 아이였습니다. 그는 어린 시절부터 남다른 재능과 열정을 가지고 있었던 것입니다.

15세가 되던 해, 그는 아버지의 친구이자 유명한 축구 선수였던 브리트의 눈에 띄어 산토스 축구팀에 입단했습니다. 그리고 베스트 열한 명에 들어가는 놀라운 성과를 보여주었습니다. 그 결과 그의 축구 실력은 성인도 되기 이전에 브라질 전역에 화제가 되었습니다. 성인들이 활개 치는 축구장을 마음껏 휘저으며 자신의 실력을 유감없이 보여주었던 것입니다. 이런 그의 눈부신 활약으로 그는 17세라는 어린 나이에 기라성 같은 선배들이 제치고 브리질 대표선수로 발탁되었습니다.

브라질은 그때도 지금만큼이나 세계 최고의 축구 왕국이었습니다. 또 지금도 그렇지만 축구 선수는 브라질 국민들의 꿈이자 삶의 목적이었습니다. 그만큼 국민들에게 그만큼 절대적인 존재이기도 합니다. 그런데 17세의 소년이 당당하게 그 꿈의 팀의 일원이 된 것입니다. 펠레는 어린 나이에 브라질 국민의 희망이 된 것입니다.

날개를 활짝 펴 영웅의 자리에 오르다

국가대표로 발탁된 펠레는 스페인 월드컵에 참가했습니다. 그리고 눈부신 활약을 선보이며 브라질이 우승하는 데 견인차 역할을 했습니다. 브라질은 물론이고 전 세계 사람들에게 자신의 이름을 완벽하게 각인시키는 쾌거를 이룬 것입니다.

나이가 들어갈수록, 경기를 치를수록 그의 명성을 높아만 갔습니다. 장밋빛 찬란한 인생이 그의 앞에 펼쳐진 것입니다. 그리고 그 명성만큼이나 많은 재산을 가질 수 있었습니다. 공이 없어서 실 뭉치를 차고 다녀야 했던 가난한 소년에서 브라질 제일의, 아니 세계 거부들과 어깨를 나란히 할 수 있는 재산가가 된 것입니다.

1958년 스페인 월드컵, 1962년 칠레 월드컵, 그리고 1970년 멕시코 월드컵까지 모두 브라질이 우승컵을 차지했습니다. 펠레의 눈부신 활약이 있었던 것은 두말할 필요도 없습니다. 특히 멕시코 월드컵은 그의 독무대였다고 해도 과언이 아닐 것입니다. 그는 세계인들에게 화려한 드리블과 통쾌한 헤딩슛을 원 없이 선사했습니다. 월드컵 사상 100번째 골을 성공시킨 것도 바로 이 멕시코 월드컵에서였습니다.

이런 활약에 힘입은 브라질은 통산 세 번째 우승을 거머쥐었습니다. 그리고 1년만 소장해야 하는 우승컵을 영구 소장하는 영광을 안았습니다. 펠레는 '축구 황제'라는 영예로운 별칭을 얻게 되었습니다. 이제 그의 이름은 세계 축구의 대명사가 된 것입니다. 그리고 1969년 11월 19일에는 A매치 통산 1천 골이라는 대기록을 세우기도 합니다. 1960년 이래로도 그는 여전히 세계 최고의 축구 선수였습니다.

자신의 삶을 마음껏 구가하다.

177.9cm의 키에 몸무게 75.6kg, 펠레는 그저 보통의 체격을 가지고 있었습니다. 오늘날 세계를 주름잡는 슛터들의 키가 보통 180이 넘는 것을 감안하면 오히려 작은 편에 속하지요. 하지만 신체는 그가 축구하는 데 조금도 문제가 되지 않았습니다. 그에게는 아버지에게 물려받는 재능이 있었고, 그리고 끊임없이 연구하고, 꾸준히 연습하는 노력이 있었기 때문입니다.

그는 누구나 인정하는 뛰어난 재능을 가지고 있었지만, 한시도 축구 연습을 게을리 한 적이 없었습니다. 자신의 재능을 과신하지 않았던 것입니다. 한 번 잘했다고 거드름을 피우는 일도 없었습니다. 항상 초심을 잃지 않으려 했습니다.

그는 상대방의 마음을 읽어내는 눈을 지녔고, 앞으로 진행될 경기 흐름을 적확히 꿰뚫는 예측성을 가진 선수로도 유명했습니다. 사람들은 이것을 그가 타고난 재능의 일부라고 말했습니다. 하지만 그게 전부는 아니었습니다. 펠레는 자신의 재능을 피나는 연습과 기술 개발로 화려하게 꽃피운 것입니다.

은퇴 후 그는 자신의 이야기를 자서전으로 써서 대성공을 거뒀습니다. 여러 편의 기록 영화에도 출연하는 등 다양한 분야에서 다양한 모습을 보여주기도 했습니다. 또 브라질 체육부 장관으로도 일했습니다.

뛰어난 축구 선수, 굴지의 재산가, 그리고 한 나라의 장관……. 지금 우리는 펠레를 다양한 이름으로 부르고 있습니다. 하지만 부르는 이름은 각각 다르더라도 다르지 않은 것이 있습니다. 펠레가 자신의 삶을 맘껏 구가한 사람이라는 것, 그리고 가난을 딛고 가장 높은 곳에 한 자리를 차지한 멋진 인생의 주인공이라는 것 말입니다.

펠레's 생각의 노트

펠레의 성공은 재능과 땀이 함께 이뤄낸 멋진 삶의 하모니였습니다. 만약 이 둘 중 하나가 부족했더라면, 그는 결코 지금의 펠레가 될 수 없었을 것입니다.

펠레의 명성은 아직도 사라질 줄 모릅니다. 그만큼 화려한 축구 실력을 뽐냈던 최고의 선수였기 때문입니다. 그러나 그를 명예롭게 한 것은 축구 실력 때문만이 아니었습니다. 그는 축구 외의 삶에서도 언제나 성실했습니다. 그리고 늘 노력했습니다. 사람들은 그가 이룩한 성과가 아니라 그의 모습에서 우러나오는 진실함에 박수를 보내고 있는 것입니다. 그것이 바로 역사 속으로 사라져간 많은 축구 영웅들과 그가 다른 점입니다.

자신의 재능을 너무 과신하지 마세요. 재능보다 더 중요한 것은 땀과 열정임을 잊지 말아야 합니다. 땀과 열정이 없으면 신이 당신에게 주신 재능이 그대로 사라져버리고 말지도 모릅니다.

세계 최고의 헤비급 챔피언

무하마드 알리 Muhammad Ali (1942~)
헤비급 세계 챔피언, 프로복싱 사상 최고의 영웅
주요 수상 : 로마 올림픽 라이트 헤비급 금메달 (1960)

미국 흑인 빈민가에서 태어나다

알리는 1942년 미국에서 태어났습니다. 그것도 인종
차별이 가장 심했던 켄터키 주 루이빌 흑인빈민가에서 말입니
다. 태어났을 때 그의 이름은 캐시어스 마셀러스 클레이(Cassius
Marcellus Clay)였습니다.

그가 처음 권투를 배운 것은 13세 때였습니다. 그 이유는 동네
불량배들로부터 자신을 보호하기 위해였습니다. 그를 가르친
사람은 아일랜드계 경찰이었습니다. 알리는 권투 선수로서 천부

적인 재능을 가지고 있었습니다. 권투 선수의 생명이라고도 할 수 있는, 유연성과 스피드에서 뛰어난 자질을 보였던 것입니다. 뿐만 아니라 강인한 의지와 끈기를 지고 있었습니다.

그는 권투를 하면서 사춘기를 보냈습니다. 그 결과 17세 어린 나이에 골든 글러브(Golden Gloves) 챔피언이 될 수 있었습니다. 그리고 이어서 1960년 로마 올림픽에서 라이트 헤비급 금메달을 획득했습니다. 그때 그는 겨우 18세였습니다.

그는 국민적 영웅이 되어 고국으로 돌아왔습니다. 그는 자신이 영웅이 되었다고 생각했습니다. 그리고 어릴 적 꿈을 이뤘다고 믿었습니다. 그런데 그런 그의 생각에 찬물을 끼얹는 일이 일어났습니다. 바로 백인 전용 레스토랑에서 흑인이란 이유로 출입을 거절당했던 것입니다. 그는 분노와 치욕을 참을 수 없었습니다. 그래서 자신이 딴 금메달을 허드슨 강에 던져버리고 말았습니다. 올림픽 금메달은 인종차별을 없애지도 못할 뿐 아니라, 가난을 벗어나게 하지도 못할 것이라는 생각이 때문이었습니다. 그 일은 그를 더욱 강한 사람으로 자라게 했습니다. 주관이 뚜렷한 청년으로 성장하게 해준 것입니다.

헤비급 세계 챔피언

알리는 1964년에 역사적인 타이틀매치를 벌였습니다. 그리고 당시 헤비급 세계 챔피언이었던 리스톤을 누르고 챔피언이 되었습니다. 권투 역사상 두 번째로 나이 어린 챔피언이라는 명예와 함께 말입니다. 경기 후 그는 사람들에게 자신이 이슬람교도임을 공표한 후 '무하마드 알리'로 불러달라고 했습니다.

챔피언이 된 후 알리는 무려 아홉 번이나 방어전에 성공하며 타이틀을 지켜냈습니다. 그러던 중 미국은 베트남 전쟁을 발발시켰습니다. 많은 젊은이들이 전쟁을 하기 위해 머나먼 아시아로 떠나갔습니다. 그러나 알리는 종교적 신념에 따라 참전을 거부했습니다.

"이 전쟁은 평화의 문제가 아니라 힘의 문제다. 나와 내 민족을 공격하지 않은 이들을 왜 내가 공격해야만 하는가?"

알리는 끝내 징집을 거부했고, 결국 3년 반 동안이나 선수 자격은 물론이고 챔피언벨트까지 빼앗겨버리고 말았습니다. 그런 그에게는 출국도 허락되지 않았습니다.

알리의 싸움은 여기에서 끝나지 않았습니다. 그는 자신의 종교적 신념을 지키기 위해 '알리'라는 이름을 사용할 권리를 막는 사람들과도 대적해야만 했던 것입니다. 알리는 혁명가가 아니었습니다. 단지 인종과 국적을 넘어 모든 사람들의 인권이 존중받기를 원했을 뿐입니다. 그는 자신의 신념을 굽히지 않고 3년 5개월의 긴 싸움을 해야 했습니다. 그리고 1971년에 마침내 무죄선고와 함께 선수 자격을 다시 되찾았습니다.

그는 다시 사각의 링에 섰습니다. 당시 챔피언이었던 조 프레이저에게 도전했던 것입니다. 그러나 결과는 실패였습니다. 그로부터 3년 후 그는 '무쇠주먹'이라 불리던 24세의 챔피언, 조지 포먼에게 다시 도전장을 내밀었습니다. 사람들은 하나같이 포먼의 승리를 장담했습니다. 알리의 승리를 믿은 건 알리 자신뿐이었습니다. 그는 자신을 조롱하는 사람들을 향해 자신이 이길 거라고 외쳤습니다.

경기가 시작되었을 때 사람들은 놀라운 광경에 입을 다물지 못했습니다. 아무도 꺾을 수 없을 거라던 무쇠주먹 포먼을 10회에서 KO로 눕혀버린 것입니다.

그리하여 알리는 10년 전 부당하게 빼앗긴 챔피언벨트를 되찾았습니다. 1978년 레온 스핑크스에 판정패를 당하기도 했지만, 그는 불굴의 투지로 다시 일어났고, 결국 그해 겨울 리턴매치에서 승리하여 세 번째로 헤비급 챔피언이 되는 위업을 달성했습니다.

무하마드 알리의 성공의 열쇠

프로 통산 전적 61전 56승(37 KO) 5패. 그의 기록은 누구도 쉽게 깨뜨릴 수 없었으며, 앞으로도 없을 것입니다. 그래서 많은 권투 전문가들은 그를 일러 '역사상 가장 위대한 헤비급 챔피언'이라고 불렀습니다.

하지만 그가 최고의 인기를 누릴 수 있었던 것은 권투 선수로서의 업적 때문은 아니었습니다. 거침없고, 예술적 감각으로 넘쳐흘렀던 말솜씨가 그를 더욱 돋보이게 했던 것입니다.

"나비처럼 날아서 벌처럼 쏘겠다."

"나는 복싱보다 위대하다."

"나는 당신들이 원하는 챔피언이 아닌, 내가 원하는 챔피언이 될 것이다!"

그의 말에 사람들은 열광했습니다. 어떻게 해야 사람들의 마음을 움직이는지 잘 알고 있었던 그의 말 한 마디 한 마디는 언론에 대서특필 되었고, 그의 인기는 그야말로 하늘을 찔렀습니다. 그는 지금까지도 지구촌의 영웅이자 불굴의 상징으로 기억되고 있습니다. 흑인들에게는 꿈의 상징이기도 합니다.

링 위에서 그는 화려한 조명과 사람들의 환호를 받는 영웅이었습니다. 그리고 링 밖에서는 수백만 달러를 대학과 단체에 기부하는 사회사업가였습니다. 지금은 비록 은퇴하여 병마와 싸우고 있는 힘없는 노인이 되었지만, 우리의 가슴속에서 알리는 언제나 두 손을 번쩍 들어 올린 채 환호하는 챔피언일 것입니다.

알리's 생각의 노트

　　알리는 천부적으로 뛰어난 권투 선수였습니다. 하지만 그를 챔피언으로 이끈 것은 그의 재능이 아니라 꾸준한 연습과 인내였습니다. 그 누구도 흉내낼 수 없는 가벼운 발놀림과 날카롭고 다채로운 펀치, 천재적인 경기 센스는 한마디로 피나는 연습의 결과였던 것입니다.

　　알리는 신념이 강한 사람이었습니다. 자신의 신념에 따라 그에 반하는 것과 싸우는 것을 마다하지 않았습니다. 불의와 싸웠고, 잘못된 편견과 싸웠습니다. 그리하여 승리를 거머쥐었습니다.

　　알리는 자신을 너무도 잘 알고 있었습니다. 자신뿐만 아니라 자신을 둘러싼 사회에 대해서도 잘 알고 있었습니다. 때문에 그는 자신의 영달만을 위해 살고자 하지 않았습니다. 약자에 편에 서서 그들을 도왔던 것입니다. 이처럼 진정한 영웅은 힘에 의해 탄생되는 것이 아닙니다. 타인을 위하는 진실된 마음에 의해 탄생되는 것입니다.

미래에서 온 영웅

아놀드 슈왈제네거 Arnold Alois Schwarzenegger (1947~)
미국 인기 영화배우. 미국 캘리포니아 주지사
주요 영화 : 《터미네이터 The Terminator》,《코만도 Commando》

오스트리아에서 온 소년의 꿈

때론 미래에서 온 파괴자로, 때론 미래를 구하는 영웅으로 우리에게 다가온 남자가 있습니다. 바로 강한 액션과 근육질의 몸을 자랑하는 아놀드 슈왈제네거입니다. 그는 1947년 오스트리아 작은 도시 그라츠에서 태어났습니다. 그의 집은 가난했습니다. 운명처럼 타고난 가난을 떨쳐내고 싶었던 그의 아버지는 아메리칸드림을 꿈꾸며 가족과 함께 미국 이민을 결심했습니다. 잘사는 나라에서 잘 살아보고 싶었던 것입니다. 자식을 잘 먹이고, 잘 입히고, 잘 가르치고 싶은 부모의 마음은 동양 사람이든 다르지 않은 법입니다.

그들이 정착한 곳은 미국의 캘리포니아였습니다. 가진 것 없는 사람들에게는 그곳이 어디든 살기 버거운 건 매일반이었습니다. 게다가 낯선 땅에서의 삶이 쉬울 리 없었습니다. 그의 가족은 하루하루가 힘이 들었습니다. 하지만 슈왈제네거에게는 꿈이 있었습니다. 때문에 아무리 배가 고파도, 또 아무리 옷이 낡아도 견뎌낼 수 있었습니다.

슈왈제네거가 가슴에 꼭꼭 품고 있던 꿈은 무려 세 가지나 되었습니다. 그 첫째가 할리우드의 영화배우가 되는 것이었습니다. 그리고 둘째는 최고의 명문가인 케네디가의 여인과 결혼하는 것이었습니다. 그리고 마지막 셋째는 정치가가 되는 것이었습니다.

간절히 원하면 꿈은 이루어진다고 했습니다. 지난 2002년 월드컵 때 우리는 그것을 너무도 생생하게 경험했습니다. 세계의 그 누구도 감히 상상하지 못했던 4강을 이뤄냈던 것입니다. 4강은 선수들만이 이뤄낸 것이 아닙니다. 바로 온 국민이 하나가 되어 같은 꿈을 가졌기 때문에 가능했던 일이었습니다.

슈왈제네거의 가슴에는 우리 국민이 그랬던 것처럼, 꼭 이루어내겠다는 신념과 강한 의지가 불타고 있었습니다. 그는 먼저 첫 번째 꿈에 도전했습니다. 근육질의 몸매 덕분에 할리우드에 진출한 그는 작은 배역에도 얼굴 한 번 찡그리지 않고 최선을 다했습니다. 부상 위험이 있는 위험한 액션도 마다하지 않았습니다. 또 배우라고 거들먹거리지 않고 스텝들과 잘 어울렸습니다. 간혹 그들이 무거운 짐이라도 옮기려고 하면 언제나 달려가 도와주곤 했습니다. 이런 모습은 사람들에게 좋은 인상을 심어주었습니다. 감독도 이런 생각을 했습니다.

'저처럼 열심히 하는 사람은 무엇이든 해낼 수 있지. 내겐 저런 사람이 필요해.'

그런 슈왈제네거의 열정은 그를 할리우드 최고의 액션 배우로 만들어주었습니다. 그는 헤라클레스가 되었고, 코만도가 되었으며, 터미네이터가 되어 세계를 구하는 영웅으로 우리를 열광시켰습니다.

첫 번째 꿈을 이룸으로써 그는 두 번째 꿈에 가까이 다가갈 수 있었습니다. 그리고 마침내 꿈꾸었던 대로 케네디가의 여인 마리아 슈라이버와 결혼했습니다. 그는 누구보다도 행복한 가정을 꾸몄습니다. 지금도 그의 가족은 단란하고 행복한 생활을 하고 있습니다.

이제 그에게는 이뤄야 할 꿈이 하나 남게 되었습니다. 그는 50이 넘은 나이에 새로운 도전을 시작했습니다.

마지막 소원을 이루다

배우로서, 그리고 한 가정의 가장으로서 슈왈제네거는 언제나 성실했습니다. 또 영화 속의 거친 모습은 그야말로 영화 속의 모습이었을 뿐이었습니다. 그는 언제나 다정한 사람이었습니다. 그런 그의 모습은 많은 사람들에게 신뢰감을 주기에 충분했습니다. 그리고 마침내 그에게 기회가 왔습니다.

2003년에 캘리포니아 주지사 보궐선거가 있었을 때 그는 당당히 후보로 나갔습니다. 그리고 주위의 우려에도 불구하고 선거를 통해 당당히 캘리포니아 주지사로 선출되었습니다. 실로 오랜 숙원이 이루어진 것입니다,

슈왈제네거는 자신이 세운 세 가지 꿈을 모두 이뤘습니다. 그래서 우리는 그를 머리는 비고 몸만 그럴싸한 근육질의 바보가

아니라 꿈을 꿨고, 꿈에 도전했으며, 마침내 꿈을 이룬 인생의
승리자로 기억합니다.

그는 말합니다.

"인생의 목표를 세워, 모든 것을 쏟아 부어라."

슈왈제네거's 생각의 노트

집을 짓는 데는 설계도가 있어야 하듯 원하는 것을 성취하기 위해서는 그에 필요한 계획이 있어야 합니다. 슈왈제네거는 인생의 설계도에 맞춰 자신의 꿈을 하나씩 하나씩 이뤄나갔습니다. 무슨 일이든 조급해서 한꺼번에 하려고 덤비면 우왕좌왕 하다가 끝내는 아무것도 이루지 못하는 법입니다. 서두를 필요도, 조급해할 필요도 없습니다. 모든 일엔 순서가 있고 때가 있는 법이니 말입니다.

슈왈제네거는 자신에게 주어진 일에 최선을 다했습니다. 저 혼자 저절로 피는 꽃은 없습니다. 따뜻한 햇볕과 시원한 물과 상쾌한 바람이 있어야 꽃은 아름답게 피어납니다. 꿈도 마찬가지입니다. 최선을 다하는 성실한 자세 없이는 꿈은 그저 꿈에 지나지 않습니다.

호레스는 "인생은 그가 노력한 것만큼 하늘에서 그 몫을 받게 되어 있다. 힘들이지 않는 자에게는 아무것도 주지 않는 것이 자연의 법칙이다."라고 말했습니다.

그렇습니다. 꿈은 가슴에 있는 것이 아니라 바로 여러분의 실천과 행동 속에 있는 것입니다.

골프 황제

타이거 우즈 Eldrick Tiger Woos (1975~)
최연소로 그랜드슬램을 달성한 PGA(미국 프로골프협회) 골프 황제
주요 수상 : 1996년 PGA 투어 신인상, 2001년 미국 PGA 올해의 선수상

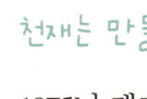 ## 천재는 만들어진다

1975년 캘리포니아 주 사이프레스에서 미 육군 중령인 얼 우즈는 아내인 타이 출신의 컬티다와의 사이에서 아들을 하나 얻었습니다. 얼 우즈는 아들을 베트남 전쟁에 출전한 친구의 이름을 따서 '타이거'라고 불렀습니다. 그리고 그는 아들이 걸음마를 배우자 골프채를 쥐어주었습니다. 그 아이가 바로 20년 후 세계를 깜짝 놀라게 한 골프의 황제 타이거 우즈였습니다.

우즈가 골프를 배운 것은 아주 어렸을 때였습니다. 그의 아버

지가 골프를 좋아했기 때문이었지요. 어린 그가 긴 골프채를 다루는 것은 결코 쉬운 일이 아니었습니다. 하지만 힘든 기색이라고는 조금도 없었다고 합니다. 그는 골프를 하는 게 즐거웠습니다. 나이가 들수록 골프에 대한 그의 열정은 점점 커갔습니다.

그는 이제 아버지보다 더 골프를 좋아했고, 하루가 멀다 하고 골프에 매달렸습니다. 이렇게 스스로의 의지에 의해서 한 골프 연습은 그의 실력을 하루가 다르게 변화시켰습니다. 즉, 요즘 그가 보여주는 놀라운 골프 실력은 타고난 재능이 아니라 애정 어린 아버지의 가르침과 우즈 본인의 불타는 열정의 산물이었던 것입니다.

이런 우즈의 노력은 그가 16세가 되었을 때 그에게 결실을 안겨주었습니다. 1991년 미국 주니어 아마추어 챔피언십에서 우승을 한 것입니다. 그는 1991년뿐만 아니라 그 다음 해인 1992년과 1993년 연속으로 우승하여 1984년 매리 루 리턴 이래 처음으로 3년 연속 우승이라는 놀라운 기록을 남겼습니다. 또 1994년, 1995년, 1997년에는 각종 대회에 미국 대표선수로 참가해 인상적인 경기를 펼쳤습니다.

그는 고등학교를 졸업하면서 스탠퍼드 대학 경제학과에 진학했습니다. 그러나 우즈에게 공부와 골프를 동시에 한다는 것은 매우 버거운 일이었습니다. 결국 3학년 때인 1996년에 중퇴를 하고 말았습니다. 그에게는 아쉬움보다는 홀가분한 결정이었을 것입니다.

아무튼 그는 공부의 굴레에서 벗어나자 기다렸다는 듯 골프에만 열성적으로 매달렸습니다. 그리고 드디어 프로로 전향을 했습니다. 그가 보여준 열정에 대한 보답이었을까요? 그는 프로골프의 역사를 새로 써야 할 일대의 대사건을 일으키게 됩니다. 프로로 데뷔한 첫해 라스베이거스 인비테이셔널, 월트디즈니 월드/올즈 모빌 클래식에서 우승하면서 PGA 투어 신인상을 거머쥔 것입니다. 또한 다음 해인 1997년에는 PGA의 메르세데스 챔피언십, 마스터스 토너먼트, GTE 바이런 넬슨 골르 클래식, 모터롤라 웨스턴 오픈 등 무려 네 개 대회를 석권함으로써 프로골프계를 뒤흔들어 놓았습니다. 모두에게 우즈란 이름을 기억하게 한 것입니다.

1998년 PGA 벨사우스 클래식 우승, 1997년 국제대회인 아시

안 혼다 클래식 우승, 1998년 조니워커 클래식 우승. 그뿐 아니었습니다. 그는 닛산 오픈 2위, 메르세데스 챔피언십 공동 2위, 브리티시 오픈 챔피언십 3위, 뷰익 인비테이셔널 공동 3위, 스프린트 인터내셔널 공동 4위에 오르는 등 신기록 행진을 이어나갔습니다.

그는 1996년 2승, 1997년 4승, 1998년 1승, 1999년 8승, 2000년 9승, 2001년 5승, 2002년 5승, 2003년 5승, 2004년 1승, 2005년 6승, 2006년 8월까지 4승을 이룩함으로써 프로 데뷔 10년 만에 50승이라는 대기록을 세웠습니다. 잭 니클로스보다 3년이나 빠른 기록이었습니다.

골프의 역사를 새로 쓰다

타이거 우즈는 기록의 사나이라고 불리고 있습니다. PGA사상 최연소 50승 달성, US 오픈 106년 역사상 처음으로 두 자릿수 언더파(12언더파)와 역대 최다 타수(15타) 타이기록 수립, 브리티시 오픈에서는 역대 메이저 대회 최저타 우승, 2005년에는 한 시즌 상금 사상 첫 1천만 달러 획득. 이 모두는 그가 프로가 된 지

10년 동안 세운 대기록들입니다.

어디 그뿐입니까? 그는 메이저 대회를 4번꼴로 우승을 했고, 무려 128차례나 상위 10위 안에 들었습니다. 즉, 66%의 성공률을 보이고 있는 것입니다. 반면 2라운드가 끝난 후 기준을 넘지 못해 결승에 나가지 못한 경기는 불과 다섯 번밖에 없습니다. 또한 개인 통산 평균 타수는 68.76인데, 이 역시 타의 추종을 불허하는 놀라운 기록입니다.

우리는 한 분야에서 놀라운 성과를 이룬 사람에게 큰 감명을 받습니다. 우즈가 바로 그런 사람입니다. 그는 이미 자신이 세운 기록에 연연해하지 않고 오늘도 그는 PGA에서 구슬땀을 흘리고 있습니다. 우즈는 이제 겨우 32세밖에 되지 않았습니다. 골프는 연령 제한이 없는 운동입니다. 나이가 들수록 오히려 더 성숙한 경기를 할 수 있는 운동입니다. 그렇기 때문에 우리는 머지않은 미래에 그가 쓴 골프의 새로운 역사를 다시 보게 될 것입니다.

우즈's 생각의 노트

노력은 거대한 산을 드넓은 바다로 만듭니다. 한 분야에서 최고가 되는 데 재능도 매우 중요한 요소입니다. 그러나 그보다 더 중요한 것은 끊임없는 노력과 뜨거운 열정입니다.

그는 하루가 멀다 하고 대기록을 수립해나갔습니다. 새로운 기록은 그의 피와 땀의 대가이자 그것들의 아름다운 결정체입니다. 하지만 그는 멈추지 않고 있습니다. 자신에게 주어진 인생을 새롭게 완성시켜나간 위인들처럼 우즈 역시 오늘도 땀을 흘리고 있습니다.

요행을 바라지 마십시오. 그런데 요행 역시 남과 다른 열정에서 오는 것입니다. 우리가 공짜라고 믿는 것도 따지고 보면, 그 노력에 대한 대가로 주어지는 일종의 불로소득 같은 것이라 할 수 있습니다. 아무것도 노력하지 않는 자에게는 요행도 있을 수 없습니다. 이 세상에 대가 없는 공짜는 없는 법이니까요.

세계를 움직인
마이다스의 손

Chapter 5

가난을 성공으로 이끈 신화

벤자민 프랭클린 Benjamin Franklin (1706~1790)
미국의 정치가, 과학자, 문필가
대표 저서 : 《가난한 리처드의 달력 Poor Richard's Almanac》,
《프랭클린 자서전 The Autobiography of Benjamin Franklin》

가난한 인쇄공

1706년 보스턴에서 태어난 프랭클린은 가난한 집안 형편 때문에 공부를 할 수 없었습니다. 대신 어린 시절부터 아버지가 경영하는 양초와 비누 제조업을 도와야 했습니다. 그러다가 형이 운영하는 인쇄소에서 견습공으로 일하기 시작했습니다. 그 일은 어린 그가 하기에 매우 힘들고 벅찬 일이었지만, 긍정적이고 능동적인 성격 덕분에 잘 이겨낼 수 있었습니다. 그래서 힘든 일 틈틈이 책을 읽으며 필요한 지식을 쌓았고, 대화하는 법과 글 쓰는 법에 대해 스스로 공부하고 터득해나갔습니다.

하지만 프랭클린은 폭력은 견딜 수 없었습니다. 때문에 다소 과격한 성격의 형과 자주 충돌을 일으켰고, 마침내 17세가 되던 해에 가출을 해 필라델피아로 갔습니다. 가진 것 없고, 경험도 없었기 때문에 그의 하루하루는 그리 쉽지만은 않았습니다. 믿었던 친구에게 상처를 받기도 하고, 어렵게 모은 돈을 떼이기도 했습니다. 심지어는 떠벌리기 좋아하는 사람의 말을 곧이곧대로 믿고는 연고도 없는 영국으로 가기도 했습니다.

하지만 그는 자신의 과오를 인정할 줄 아는 사람이었습니다. 그리고 그 과오를 딛고 일어날 줄 아는 사람이었습니다. 그에게 포기란 없었습니다. 다시는 같은 과오를 되풀이하지 않겠다는 굳은 각오만이 있었을 뿐입니다.

남을 위한 것이 바로 나 자신을 위한 일이다

프랭클린처럼 다방면에서 뛰어난 능력을 발휘한 사람들도 흔치 않을 것입니다.

그는 우선 어린 시절부터 배웠던 인쇄술을 기반으로 1729년 〈펜실베이니아 가제트 Pennsylvania Gazette〉지를 인수하여 경영자가 되었습니다. 편집에도 직접 참여하는 열의를 보이며 대중을 이끄는 지식인으로 이름을 날리기 시작했습니다.

또 프랭클린은 공공의 이익을 위한 사업에 관심이 많았습니다. 미국 최초로 회원제 도서관을 만든 것도, 또 펜실베이니아 대학교의 전신이었던 필라델피아 아카데미를 창설한 것도 바로 그였습니다.

어디 그뿐인가요. 프랭클린은 유명한 발명가였습니다. 고성능의 '프랭클린난로'를 발명하였고, 획기적인 피뢰침을 발명하여 명성을 떨쳤습니다. 또 지진의 원인을 연구하여 발표한 과학자이기도 했습니다. 연을 이용한 실험을 통해 번개와 전기의 방전은 동일한 것이라는 가설을 증명하고, '전기유기체설'을 제창한 것도 프랭클린이었습니다. 덕분에 영국에 거주하지 않는 사람으로는 최초로 영국왕립학회 회원에 선정되어 영국 최대의 명예인 코플리상을 받았습니다.

그러나 그 자신은 그저 겸손한 사람일 뿐이었습니다. 타인을 위한 일이 곧 나를 위한 것이라고 생각한 것뿐이었습니다. 그래서 남과 쓸데없는 논쟁을 하지 않았고, 남을 비판하거나 업신여기는 일도 하지 않았습니다. 또 항상 남의 말에 귀를 기울이고 배려하였으며, 자신을 과신하거나 교만하게 굴지 않았던 것입니다.

도전과 열정, 그리고 성공이라는 법칙

한편 프랭클린은 뛰어난 정치가이자 행정가였습니다. 체신장관이 되어 우편제도를 새롭게 개선하는가 하면, 올리버 회의에 펜실베이니아 대표로 참석하여 최초로 '식민지 연합안'을 제안하기도 했습니다. 또 영국에 파견되어 식민지에 '자주 과세권'의 획득과 인지조례의 철폐를 성공시켰습니다.

1775년에는 '대륙대회'의 펜실베이니아 대표로 뽑혔고, 1776년에는 독립기초위원에 임명되었습니다. 그리고 그해 프랑스로 건너가 아메리카와 프랑스의 동맹을 성립시키면서 프랑스로부터 재정 원조를 얻어내는 성과를 올렸습니다. 프랭클린은 그 후에도 1783년 파리조약에 미국 대표, 1785년 펜실베이니아 행정위원회 위원장, 1787년 헌법회의에 펜실베이니아 대표로서 많은 활약을 했습니다.

미국이 아직 식민지였던 그 시절, 식민지 아메리카를 위해 헌신적으로 일하는 그를 사람들은 존경했고, 성원과 갈채를 아낌없이 보내주었습니다. 그러나 그는 명예를 얻기 위해 그런 일을 한 것이 아닙니다. 모든 불합리한 것, 정의롭지 않은 것과 싸웠을 뿐입니다. 때로는 거대한 벽에 부딪혀 쓰러지기도 했습니다. 하지만 그의 마음속에는 정의에 대한 확신이 있었습니다. 그것이 그를 도전하게 만들었습니다. 도전할 수 있는 열정을 주었습니다. 그리고 성공을 만들어냈던 것입니다.

프랭클린's 생각의 노트

프랭클린은 겸손한 사람이었습니다. 앉아 있는 신사보다 서 있는 농부가 더 훌륭하다.”고 말할 정도였습니다. 그는 자신을 과신하거나 교만하게 굴지 않았으며, 남을 비판하거나 불필요한 논쟁을 하지 않았습니다. 논쟁을 위한 논쟁은 감정만 상하게 할 뿐 그것으로는 상대를 설득할 수 없다는 것을 그는 잘 알고 있었던 것입니다. 누군가와 생각을 같이하고 싶다면 겸손한 태도로 그의 말을 끝까지 듣고 진심으로 이해하려고 해보세요. 그래도 그의 의견에 동조할 수 없다면 조심스럽게 말하는 겁니다.

내 생각에는 이런 게 아닐까 싶은데 네 생각은 어때?”

프랭클린은 평등주의자였습니다. 종교나 인종으로 편 가르는 법이 없었습니다. 우리는 많은 갈등 속에서 살고 있습니다. 정치적으로, 계층적으로, 인종적으로…… 하지만 프랭클린에게 그런 것은 중요하지 않았습니다. 정의와 공리, 이 두 가지로만 세상을 보았고, 사람을 보았습니다. 피부색이 아닌 그 사람의 내면을 보도록 노력하십시오. 가진 재산 말고 그 사람의 됨됨이를 보려고 하십시오. 그러면 여러분에게도 진정한 친구가 생길 것입니다.

노벨상을 만든 인류의 횃불

알프레드 베르나르드 노벨 Alfred Bernhard Novel (1833~1896)
스웨덴 출신 발명가, 사업가
주요 활동 : 무연화약 및 다이너마이트 발명, 노벨상 제정

사랑과 관심 속에서

　　1833년 스웨덴의 스톡홀름, 한 사내아이가 태어났습니다. 그런데 아이는 태어날 때부터 몸이 약했습니다. 여덟 명이나 되는 자녀들 중 이미 네 명이나 잃어야 했던 아이의 부모는 이 아이마저 잃고 싶지 않았습니다. 부모님은 아이에게 변고라도 생길까 봐, 늘 그에 대한 긴장을 풀 수가 없었습니다. 하지만 아이는 무럭무럭 자라났습니다. 부모의 사랑과 극진한 보살핌으로 말입니다. 그 아이가 바로 노벨상을 이 세상에 있게 해준

알프레드 베르나르드 노벨입니다.

노벨의 아버지는 발명가이자 공학자였습니다. 비록 사업에 실패해 가족을 놔둔 채 홀로 러시아 상트페테르부르크로 가기도 했지만, 결국 평소 관심의 대상이었던 폭탄을 제조하는 데 성공을 한 사업가이기도 했습니다. 지적 호기심이 많았던 노벨은 그런 아버지에게서 공학의 기초를 배워나갔습니다. 상트페테르부르크에 가족이 정착하자 노벨은 부모님의 배려로 개인 가정교사를 두고 공부했습니다. 노벨은 총명했습니다. 16세가 되었을 때에는 화학에 있어서는 더 이상 가정교사가 가르칠 수 있는 것이 없었습니다. 뿐만 아니라 영어, 프랑스어, 독일어, 러시아어에도 능통했습니다. 부모님의 사랑에 보답이라도 하듯 많은 학문을 익혀나갔습니다.

절망을 딛고, 슬픔을 딛고

노벨이 프랑스 파리로 유학을 떠난 건 1850년의 일이었습니다. 보다 많은 것은 배우고 싶다는 게 그 이유였습니다. 파리에서 1년간 화학을 공부한 그는 같은 이유로 미국으로 떠나는 배에 올랐습니다. 노벨은 미국에서 장갑함 모니터호를 만든 발명가 존 에릭슨 밑에 들어가 기계공학에 대해 본격적으로 배웠습니다.

그 후 그는 러시아로 돌아와 당시 크림전쟁에 사용되던 군수물품을 만드는 아버지 공장에서 일을 시작했습니다. 하지만 회사는 일한 지 3년 만에 파산을 하고 말았고, 결국 노벨은 부모님과 함께 스웨덴으로 돌아와야 했습니다.

노벨은 좌절하지 않고 다시 일어섰습니다. 아버지 소유의 땅에 조그만 실험실을 짓고 밤낮으로 폭탄을 개량하는 연구에 몰두했던 것입니다. 그리고 마침내 니트로글리세린의 취약점인 이상 폭발을 막는 장치인 뇌관을 발명했습니다. 이 뇌관의 발명으로 노벨은 비로소 발명가로서의 명성을 얻을 수 있었습니다.

하지만 그의 폭약에는 아직도 결정적인 문제가 남아 있었습니다. 니트로글리세린이 액체였기 때문에 운반과 취급이 어려웠고, 잘못하면 폭발할 수도 있었던 것입니다. 결국 우려했던 일이 현실로 나타났습니다. 그의 공장에서 폭발이 일어났고, 그 와중에 동생과 많은 직원들을 잃고 말았던 것입니다. 하지만 그 사건으로 그는 더욱 연구에 박차를 가했습니다.

1867년 노벨은 니트로글리세린을 규조토에 스며들게 함으로써 안정성을 높인 폭약을 완성했습니다. 그것이 바로 다이너마이트입니다. 먼저 발명한 폭탄이 안고 있던, 안전의 취약성을 말끔히 해결해주는 놀라운 발명이었습니다. 그러나 그는 거기에서 멈추지 않고 또 다시 연구에 몰두하여 '무연화약'을 완성시켰습니다.

난 전쟁을 원하지 않았다

다이너마이트의 발명은 그에게 세계적 명성을 안겨주었습니다. 유럽 전역에 다이너마이트 제조공장이 세어졌는데, 사업체 수가 폭탄 제조공장과 탄약 제조공장을 합해 90여 기를 넘을 정도였습니다. 가히 제국이라 할 만한 세계적 규모였습니다.

또 그가 만든 폭약들은 날개 돋친 듯이 팔려나갔습니다. 탄광에서 갱도를 넓히기 위해, 터널 공사장에서 산을 뚫기 위해 그의 다이너마이트를 원했습니다. 굴착공사, 수로발파, 철도 및 도로 건설에도 곧바로 사용되었습니다. 다이너마이트는 이전의 것들에 비해 안전했고, 또 성능도 훨씬 뛰어났기 때문이었습니다.

그런데 그의 폭약들을 원한 곳이 또 있었습니다. 바로 전쟁터였습니다. 노벨은 근본적으로 평화주의자였습니다. 그는 자신이 발명한 폭탄들이 전쟁을 종식시키는 데 기여하기를 바랐습니다. 적을 죽이고 살상하는 무기로 전락하는 것을 원한 것은 아니었습니다. 그래서 남 몰래 유언장을 작성해 스톡홀름의 한 은행에 보관해두었습니다.

그의 유언장이 공개되었을 때 가족과 친지는 물론 세계의 모든 사람들이 깜짝 놀랐습니다. 자신이 남긴 재산의 대부분을 기금으로 남기니 그것으로 '인류복지에 가장 구체적으로 공헌한 사람들에게 나누어주라'는 것이었습니다. 그 유언은 그가 원한 대로 이행되었습니다. 1901년부터 물리학, 화학, 의학, 문학, 평화, 경제학에서 많은 공헌을 사람이 각 부문별로 한 명씩 뽑혔고, '노벨상'이라는 이름의 상을 받게 된 것입니다.

이제 노벨상은 세계적으로 가장 권위 있는 상으로 인정받고 있습니다. 이는 더 나은 인류의 미래를 위해, 평화를 위해, 자신이 남긴 모든 것을 아낌없이 내놓았기 때문에 가능한 일이었습니다. 결국 노벨은 노벨상을 통해 지금도 살아서 평화와 인류 공헌에 빛이 되고 있습니다.

노벨's 생각의 노트

　　노벨은 평화를 원했습니다. 자신의 발명품이 전쟁 무기가 되리라고는 꿈에도 생각하지 않았습니다. 그러나 그는 평화를 포기하지 않았습니다. 대신 유산을 기금으로 하는 노벨상을 제정했습니다. 간혹 자신이 의도하지 않은 대로 일이 흘러가곤 합니다. 그러나 그것 때문에 변명하거나 좌절할 필요는 없습니다. 변명으로는 아무것도 해결할 수 없습니다. 그것으로 자신을 괴롭혀서도 안 됩니다. 잘못을 시인하고 당당하게 나아가십시오. 그리고 그 과오를 없앨 수 있는 새로운 방법을 찾으십시오.

　　노벨은 위대한 발명가였습니다. 그는 사람들을 구하기 위해 다이너마이트를 발명했고, 사람들을 보다 편하게 하기 위해 무연화약을 발명했습니다. 그리고 자신이 이루지 못한 평화를 지키기 위해 전 재산을 바쳐 노벨상을 제정했습니다. 나 개인의 이익을 위해 사는 사람은 더 큰 발전을 이룰 수 없습니다. 넓게 많이, 그리고 따뜻하게 보는 눈이 여러분을 보다 더 큰 세상으로 안내할 것입니다.

신념을 실천한 강철왕

앤드류 카네기 Andrew Carnegie (1835~1919)
미국 철강회사 창업주, 사회사업가
주요 저서 : 《사업의 왕국 The Empire of Business》, 《승리의 민주주의 Triumphant
Democracy》, 《오늘의 문제 Problems of Today》

 가난을 성공의 에너지로 삼다

　1835년 스코틀랜드, 카네기는 가난한 수직공의 아들로 태어났습니다. 학교를 다니는 대신 어려서부터 가족을 돕기 위해 일을 해야만 했던 그에게 배고픔은 일상이었습니다. 그러던 어느 해, 그러니까 그가 13세가 되던 해에 그의 아버지는 큰 결심을 했습니다. 미국으로 가자는 것이었습니다. 그들에게 미국은 꿈의 나라였던 것입니다.

　카네기의 가족이 정착한 곳은 펜실베이니아 피츠버그였습니다. 카네기는 그곳에서도 일을 해야만 했습니다. 그가 선택한 일은 방직공장을 다니는 것이었습니다. 일은 고됐지만 타고난 은근과 끈기로 어떻게든 버텨낼 수 있었습니다. 하지만 참을 수 없는 것이 있었습니다. 바로 공부에 대한 갈망이었습니다. 그는 공부를 병행할 수 있는 일을 찾아다녔습니다.

그래서 카네기는 피츠버그 전신회사에 전보배달원으로 취직했습니다. 다행히 전보배달원 일은 틈틈이 책을 읽고, 공부도 할 정도로 시간적 여유가 있었습니다. 카네기는 시간이 날 때마다 열심히 책을 읽으며 지식을 습득했습니다. 이런 모습에 감동한 전신회사의 앤더슨 대령은, 그가 책을 자유롭게 읽을 수 있게 자신의 독서실 이용을 허락해줄 정도였습니다. 그 정도로 카네기의 열정을 끝이 없었습니다.

"앤더슨 대령은 나의 최초의 은인이죠. 나는 그의 도움으로 나의 부족한 교양과 지식을 쌓을 수 있었습니다."

훗날 성공한 카네기는 이렇게 말하며 자신에게 도움을 준 앤더슨 대령에게 감사함을 전했습니다. 가난은 카네기에게 있어 고통의 멍에가 아니라, 성공으로 갈 수 있도록 이끌어준 희망의 에너지였던 것입니다.

성공의 발판을 만들다

독학을 하며 지식을 쌓던 카네기에게 운명 같은 사건이 일어 났습니다. 전신기사가 잠깐 자리를 비운 사이 전신이 들어왔던 것입니다. 카네기는 그간 어깨 너머로 배운 실력으로 어렵지 않 게 전신 내용을 기록할 수 있었습니다. 그 일이 알려지자 그는 단번에 배달원에서 전신기사로 승진하게 되었습니다. 그에 따라 주급도 배로 올랐습니다.

그런데 얼마 후 오하이오 전신회사로 자리를 옮긴 그에게 같 은 일이 또 일어난 것입니다. 그는 지배인인 토마스 스코트의 보 조로 일하고 있었는데, 지배인이 외출한 사이 갑자기 사고 소식 을 알리는 전신이 들어오기 시작했습니다. 어느 한 역에서 열차 충돌사고가 일어났다는 내용이었습니다. 만약 발착 시간을 변 경하지 않으면 연쇄적으로 열차 사고가 일어나게 된 것입니다. 이런 경우에는 한 자라도 틀리면 큰 낭패였습니다. 때문에 보통 은 최고의 전신기사가 타전해야 했지만 그 일을 할 지배인이 없 었습니다. 그야말로 진퇴양난이었습니다. 카네기는 용기를 내서 각 역에 타전을 했습니다. 문책을 당할 게 뻔했지만 많은 사람들 을 살리는 게 먼저라고 생각했던 것입니다. 다행히 카네기의 활약으로 아무 사고 없이 끝날 수 있었습니다. 때문에 문책을 당하지도 않았습니다.

"자네의 신속한 조치가 회사와 나를 살려주었네. 나는 자네의 용단에 대해 아무 책임도 묻지 않겠네. 그리고 자네를 내 비서로 임명하겠네."

스코트 지배인은 카네기를 크게 칭찬하며 승진까지 시켜주었습니다.

세계 제강업계를 장악하다

카네기는 스코트의 비서로 일하면서 많은 정보를 입수할 수 있었습니다. 그가 발견한 새로운 정보는 앞으로 제강업계가 크게 성장하리라는 것이었습니다. 카네기는 제강에 대한 공부를 위해 영국으로 갔습니다. 그는 영국에서 획기적인 '베서머 제강법'을 연구하고 미국으로 돌아와 제강소를 설립했습니다.

카네기의 예상은 들어맞았습니다. 그의 사업은 점차 그 규모가 커졌습니다. 그러나 카네기는 질 좋은 제강을 생산해내기 위한 연구를 멈추지 않았습니다. 연구의 성과는 대단했습니다. 그의 철강이 최고라는 인식을 심어지자 세계 각처로부터 주문이 쇄도했던 것입니다. 그의 사업은 순풍에 돛을 단 배처럼 나날이 발전해나갔습니다. 그러는 동안 그는 어느새 세계 제일의 철강 사업가가 되어 있었습니다.

카네기는 많은 재산을 벌었으나 늘 검소하게 생활한 것으로 유명합니다. 또 사업을 하느라 결혼도 52세 때 했습니다. 그는 그만큼 바쁘게 살았기 때문에 자신의 일을 성공으로 이끌어낼 수 있었던 것입니다.

그런데 철강으로 세계를 놀라게 했던 카네기는 또 다시 사람들을 깜짝 놀라게 했습니다. 그의 나이 66세 때 회사에서 물러나더니 평생 피땀 흘려 번 돈을 사회에 환원하기 시작한 것입니다. 학교와 도서관을 지었고, 그곳에 재정적 후원을 아끼지 않았습니다. 그는 돈을 가치 있게 쓸 줄 아는 사람이었던 것입니다. 사회로부터 얻은 재산을 사회에 환원해야 한다는 신념을 가지고, 이를 실천한 위대한 인물이었던 것입니다.

카네기's 생각의 노트

　카네기는 학교를 다닐 수조차 없는 가난한 환경에서도 불평하지 않았고, 힘든 일을 하면서도 자신의 미래를 위해 늘 책을 읽으며 공부했습니다. 그는 모든 공부를 독학으로 했지만 그의 실력은 아주 우수해서 그 누구에게도 뒤지는 법이 없었습니다. 이렇듯 공부는 환경에 상관없이 바로 자신의 열정과 노력으로 이루어내는 것입니다. 좋은 학원을 다니고 좋은 교사를 두는 것은 그저 여러 조건 중 하나의 조건에 불과합니다. 공부를 하는 것은 결국 자기 자신입니다.

　카네기는 근검절약하고 검소한 생활을 했습니다. 그는 20가지 금언'을 만들어 실천했을 정도로 자신에게 엄격했습니다. 그의 이런 삶의 자세는 그에게 바른 길을 가게 했고, 가난하고 소외받은 사람들을 위해 헌신하게 했으며, 자신의 재산을 보람 있고 가치 있게 쓰게 했습니다. 타인에게 엄격한 것은 쉬운 일입니다. 그러나 나 자신에게 엄격한 것을 결코 쉽지 않은 일입니다. 자기 자신에게 엄격할 수 있을 때 우리는 더 많은 것을 이뤄낼 수 있습니다. 카네기처럼 말입니다.

위대한 기부문화의 실천자

존 데이비슨 록펠러 John Davison Rockefeller (1839~1937)
미국의 석유 재벌, 자선사업가
주요 활동 : 록펠러재단, 일반교육재단, 록펠러의학연구소 등 설립

독실한 기독교 근본주의 교육을 받다

록펠러는 1839년 뉴욕 주 리치포드의 가난한 가정에서 태어났습니다. 청렴과 경건주의를 실천하는 독실한 기독교인이었던 그의 부모는 성실하고 엄숙한 삶이 진실로 가치 있는 삶이라고 생각했습니다. 그래서 자녀들에게 스스로 모범이 되고자 했습니다. 이런 부모 밑에서 자란 록펠러는 자연스럽게 경건한 삶을 인생의 철학으로 삼게 되었습니다.

록펠러의 집안은 가난했습니다. 하지만 그 누구도 탓하지 않

았습니다. 가난을 탓하고 부모를 원망하는 마음이라고는 눈곱만치도 없었습니다. 그것이 얼마나 무가치한 일이라는 것을 너무도 잘 알고 있었던 것입니다. 그저 자신에게 주어진 환경을 자연스럽게 받아들이고 의지와 신념으로 가난한 삶을 극복하려고 노력했습니다. 어린 나이였지만 지혜로운 소년이었던 것입니다.

록펠러는 고등학교를 마친 후 휴이트 앤 터틀이란 곡물회사의 경리로 입사했습니다. 그곳에서도 그는 성실한 자세로 열심히 일했습니다. 당시 삶의 근본을 일과 신앙에 두고 있던 그로서는 너무도 당연한 일이었습니다. 사람들은 성실한 사람을 좋아하는 법입니다. 결국 사람들은 그의 성실한 모습에 매료되었고, 그를 괜찮은 젊은이로 인정해줬습니다.

포부를 실현하다

록펠러의 가슴엔 미래에 대한 아름다운 포부가 있었습니다. 바로 자신이 경영하는 회사를 차리는 것이었습니다. 그 포부는 그가 20세가 되었을 때 비로소 현실로 나타났습니다. 동료였던 모리스 클라크와 함께 '클라크 앤드 록펠러'라는 회사를 설립하게 된 것입니다. 음식과 생활필수품을 팔았던 그들은 성실한 자세로 고객을 가족처럼 대하며 신뢰를 쌓아갔습니다. 나를 낮춤으로써 사람들의 신뢰를 얻었고, 그 신뢰는 다시 커다란 경제적 이익으로 돌아왔습니다.

그 일로 큰 힘을 얻은 록펠러는 1863년 석유사업에 손을 댔습니다. 정유소를 세웠던 것입니다. 당시는 남북전쟁이 일어나 군수물자의 운송이 필요했던 시기였습니다. 그만큼 석유의 중요성이 강조되고 있었습니다. 그런 와중에 클리블랜드 인근 타이터스빌에서 유전이 발견되면서 석유사업은 순풍에 돛을 단 것처럼 급성장하기 시작했습니다.

록펠러는 이에 발 빠르게 대처하여 사업을 확장시켰습니다. 예상대로 석유사업은 날로 번창했습니다. 이 일로 엄청난 돈을 벌게 된 그는 1870년 31세의 젊은 나이에 자본금 1백만 달러로 '오하이오 스탠더드 석유회사'을 창업했습니다. 그리고 마침내 미국 석유시장의 95%를 장악하는 독점자본가로 성장했습니다.

그런데 이제 록펠러는 이제 더 이상 예전의 경건했던 그가 아니었습니다. 모든 경쟁사를 무너뜨려 독점자본가로서 악명을 떨치고 있었던 것이었습니다. 뿐만 아니라 자기 회사의 노동운동을 철저히 탄압했습니다. 결국 국민들에게 '당대에 가장 혐오스러운 인물'이라는 공격을 받게 되었습니다. 정부도 더 이상 록펠러의 횡포를 방치할 수만은 없었습니다. 결국 '독점금지법'을 만들어서 그의 횡포에 대항했습니다. 심지어 미국 연방법원은 1911년에 스탠더드 석유회사를 해체할 것을 명령했습니다. 이로써 그의 석유 독점기업은 34개의 회사로 분할되고 말았습니다.

기부문화 실천자로 거듭나다

독실한 기독교 신자로서 철저한 경건주의를 지향하던 록펠러는 사업을 하면서 초심을 잃고 탐욕스러운 마음에 빠져 사회로부터 지탄을 받는 사람이 되었습니다. 그는 엄청난 재력가가 되었지만 냉혹한 사람이라는 평가를 받아야 했습니다.

그러나 정부에 의해 기업이 분할되자 한 가지를 깨달았습니다. 바로 지금 자신의 삶은 어린 시절 자신이 세운 삶의 철학에서 완전히 벗어났다는 것이었습니다. 그는 생각했습니다. 그는 지금까지는 돈을 버는 데 인생을 소비했다면 앞으로는 자신의 인생을 가치 있게 살자고 말입니다.

록펠러는 곧바로 자신의 생각을 실천에 옮겼습니다. 경영에서 물러난 그에겐 그 당시 10억 달러가 넘는 엄청난 재산이 있었습니다. 그는 '세계 인류의 복지 증진'이라는 슬로건을 내걸고 록펠러재단을 설립했으며, 시카고 대학을 설립하는 데 6천만 달러를 기부하기도 했습니다. 그리고 3억 5천만 달러를 사회 곳곳에 기부했습니다. 그는 그동안 자신이 행했던 실수를 만회하기라도 하듯 다양한 사회사업을 펼쳐나갔습니다.

그러다고 자신의 죄가 다 씻겨 나갔다고 자만한 것은 아니었습니다. 다만 어릴 적 부모의 가르침과 자신이 세웠던 철학을 묵묵히 실천해나가고자 했을 뿐이었습니다.

이제 우리는 그를 독점을 하던 악덕 기업주가 아닌 성실하고 숭고한 사회사업가로 기억하고 있습니다. 이는 그가 자신이 저지른 실수에 대해 진심으로 반성했기 때문이었습니다. 그 철저한 자기반성이 바로 록펠러를 미국 역사의 한 페이지를 장식하는 아름답고 따뜻한 인생의 주인공으로 만든 것입니다.

록펠러's 생각의 노트

록펠러는 어린 시절 엄격한 기독교 교육을 받았습니다. 검소한 생활을 배웠고, 성실한 자세를 배웠으며, 경건한 마음가짐을 배웠습니다. 이런 교육은 그를 위대한 사회사업가로 다시 태어나게 해준 밑거름이 되었습니다. 기독교였기 때문에 그런 것은 아닙니다. 모든 종교는 근본적으로 사랑을 실천합니다. 그 인간애가 바로 선한 인간으로 성장할 수 있게 해주는 것입니다.

록펠러는 악덕 기업주였습니다. 국민들의 냉혹한 지탄을 받고 경영에서 물러나야만 했습니다. 그러나 그는 자신을 내몬 국민들과 정부를 원망하는 대신 자신의 인생을 돌아봤습니다. 그리고 철저하게 반성했습니다. 사람은 누구나 실수를 하기 마련입니다. 성공은 그런 실수를 바탕으로 이루어지는 것입니다. 하지만 실수가 곧 성공의 밑거름이 되는 것은 아닙니다. 나를 반성하지 않고는, 내 잘못이 무엇인지 철저하게 파악하지 않고서는 실수는 그저 실수일 뿐입니다. 반성은 또 다시 같은 실수를 저지르지 않게 해줍니다. 그럼으로써 한 걸음 앞으로 나가게 되는 것입니다.

노숙자에서 **언론의 황제로**

조셉 퓰리처 Joseph Pulitzer (1847~1911)
헝가리 출신 미국의 언론인, 신문 편집·발행인
주요 활동 : 퓰리처상 제정,《이브닝 월드 Evening World》지 창간

노숙자에서 신문 기자로

퓰리처는 헝가리의 유복한 가정에서 태어났습니다. 그런데 뜻밖에 그의 아버지가 일찍 돌아가시게 된 것입니다. 어머니는 새아버지를 맞았고, 가정은 다시 평화를 찾는 듯했습니다. 그러나 퓰리처만은 새아버지와 매사에 부딪치게 되었습니다. 결국 갈등을 견디다 못한 퓰리처는 17세라는 어린 나이에 무작정 미국으로 갔습니다.

당시는 남북전쟁이 한창이었습니다. 전쟁 중에 아무것도 가진

것 없는 17세의 소년이 할 수 있는 일이란 변변한 게 없었습니다. 용병도 했고, 짐꾼, 웨이터, 노새몰이꾼까지 먹고 살기 위해 무슨 일이든 닥치는 대로 했습니다. 그러나 노숙자 신세를 면하기는 어려웠습니다. 엎친 데 덮친 격으로, 사탕수수 농장에 취직시켜주겠다는 꼬임에 넘어가 가지고 있던 돈을 모두 날리는 사기까지 당했습니다.

풀리처는 자신의 억울함을 사람들에게 알려야 한다고 생각했습니다. 그래서 자신이 당한 일을 글로 써서 신문에 투고를 했습니다. 그런데 이것이 그의 인생에 커다란 기회를 제공해주었습니다. 그의 글을 본 편집국장이 글 솜씨에 호감을 가졌고, 그를 특채기자로 뽑아주었던 것입니다. 바야흐로 그의 신문 인생이 시작된 것입니다.

풀리처는 열정 하나로 연일 특종을 터뜨렸습니다. 그러한 노력으로 그는 순식간에 편집장에 오르게 되었습니다. 그리고 마침내 《세인트루이스 포스트 디스패치 St. Louis Post-Dispatch》를 인수하여 신문 발행인이 되었습니다. 풀리처는 점심은 건너뛰고, 저녁 식사는 되는 대로 먹으며, 새벽 네다섯 시가 돼야 잠자리에 드는 생활을 계속했습니다. 이런 노력 끝에 발행 부수가

3년 만에 4천 부에서 2만3천 부로 늘었고, 1879년에는 신문 지면을 4페이지에서 8페이지로 늘릴 수 있었습니다. 사업은 승승장구했습니다. 뉴욕에까지 진출한 그는 《뉴욕월드 New York World》를 인수해 《월드 World》로 이름을 바꿨고, 1만 부였던 발행 부수를 1백만 부로 늘리는 기염을 토했습니다.

사회악과 정면으로 대결하다

퓰리처는 유능한 기자들을 스카우트하고, 그들에게 높은 임금을 지불했습니다. 대신 기자들에게 길거리로 뛰쳐나가 특종기사를 발굴해 오라고 요구했습니다. 그리고 편집국 벽에 기자들이 잘 볼 수 있도록 벽보를 붙였습니다.

'누가? 무엇을? 왜? 어디서? 언제? 어떻게?'라는 6하 원칙과 '정확! 간결! 정확!'이 그것이었습니다. 퓰리처는 뉴스는 언제나 사실에 입각해야 하고, 그 사실은 간결하고 정확하게 기술되어야 한다고 주장했던 것입니다.

한편 그의 《월드》는 사회악이나 부패를 폭로하는 기사를 주로 다뤘습니다. 정치인이나 기업가 심지어 목사 같은 책임 있는 사람들을 공격했습니다. 뉴욕 시의원의 뇌물 수수 등 정치인의 부패, 스캔들 폭로도 단골 메뉴였습니다. 사람들이 《월드》가 당시의 다른 신문들과 무언가 다르다는 것을 알아차리는 데에는 그리 오랜 시간이 걸리지 않았습니다. 사람들은 그의 신문에 열광했습니다. 1백만 명에 달하는 독자들의 힘은 1890년대에는 미국과 영국의 전쟁을 막고, 부패한 보험회사들을 폭로해 문을 닫게 하기도 할 정도로 막강했습니다. 또한 빈민들에게 세를 주는 욕심 많은 집주인, 부패한 경찰, 부도덕한 정치인들과 싸워 승리하는 등 언론의 사명을 다했습니다.

그는 《월드》의 기사를 '미국 최고'라고 평가한 루스벨트 대통령을 거짓말쟁이라고 고발하는 것도 서슴지 않았습니다. 정부의 '파나마 운하 건설 뇌물 수수 사건'과 관련해 대통령이 이에 가담했음을 폭로했던 것입니다.

결국 퓰리처는 편집간부들과 함께 대통령의 명예를 훼손했다는 혐의로 기소되기에 이릅니다. 그때 《월드》에는 이런 사설이 실렸습니다.

"이번 명예훼손 소송의 목적은 대통령(루스벨트)이 정부기관을 이용해 개인적인 보복을 하기 위해서다. 대통령이 신문사(월드)를, 또는 신문사 사주(조셉 퓰리처)를, 또는 신문사 편집 간부들을 어떤 죄목으로 고발하든 우리는 조금도 위축되지 않을 것이다."

나는 사실만을 쓴다

그는 기자들에게 이런 말을 자주 했습니다.

"가난한 사람들에 대한 연민을 가져라. 항상 대중의 복지에 헌신해라. 단순히 뉴스를 인쇄하는 것만으로 만족해서는 안 된다. 잘못된 일을 공격하는 걸 두려워해서는 안 된다."

퓰리처가 유능한 언론인이자 경영인이 된 것은 일에 대한 완벽함이나 탁월한 능력 때문만은 아니었습니다. 스스로 가난과 소외된 사람들을 대변하는 사람이 되고자 했기 때문이었습니다. 그것은 지독한 가난과 가난이 주는 고통을 충분히 알고 있었던 그였기에 가능한 일이었을 것입니다.

또 그는 기사의 사실성을 최우선으로 삼은 최고의 기자이기도 했습니다.

"일반적으로 사람들이 이해하고 있는 형태의 선정주의를 피해야 한다. 시시한 범죄를 가져다가 지면에서 크게 키워서는 안 된다. 신문에 대서특필할 만한 가치가 있는 기사는 최대한 밀어붙여야 하지만, 기사를 꾸며내서는 절대 안 된다."

그는 이것을 실천하기 위해 문체를 다듬고 기사의 정확성을 따지느라 밤을 새기 일쑤였습니다.

퓰리처는 은퇴 후 자신의 재산을 컬럼비아 대학에 기부해 언론대학을 설립하게 했습니다. 또 '퓰리처상'을 제정하여 매년 언론 발전을 위해 공헌한 사람들에게 상을 수여하게 했습니다. 그것을 통해 자신이 신문을 하면서 평생 지켜왔던 신조, 즉 신문은 사실만을 말해야 하며, 신문은 약자의 편에서 악한 자를 고발하는 것이 되어야 한다는 것을 지키내고자 했습니다. 그런 집념이 그를 언론 대통령을 만들었던 것입니다.

퓰리처's 생각의 노트

퓰리처는 평생 약자의 편에 서서 권력을 휘두르는 자들을 고발했습니다. 그렇다고 목적을 위해 무고를 하는 짓은 절대로 하지 않았습니다. 진실이 없는 고발은 나 자신에게 부메랑이 되어 돌아옵니다. 거짓말로는 아무것도 해결할 수 없습니다. 나와 타인에게 당당해지는 첫걸음은 진실에 있습니다. 진실만이 진정한 무기이자 최고의 방패라는 것을 잊지 마시기 바랍니다.

자신이 평생 번 돈을 언론의 발전을 위해 아낌없이 내놓았습니다. 자신에게 있어 소중한 것을 내놓는 것은 용기가 없으면 불가능합니다. 정의를 위해 싸운 것도, 약자를 위해 일한 것도 모두 용기가 있었기 때문입니다. 퓰리처는 용기를 냈습니다. 자신의 노력으로 지금 세상이 조금 더 나아지기를 바라며 끊임없이 용기를 냈던 것입니다. 모르는 길을 가는 것도 용기이며, 안 하던 공부를 하겠다고 결심하는 것도 용기입니다. 용기를 내세요. 그러면 변화시킬 수 있습니다.

왕국을 세운 자동차의 황제

헨리 포드 Henry Ford (1863~1947)
미국 포드 자동차 창업주
주요 저서 : 《나의 산업철학 My Philosophy of Industry》,
《오늘과 내일 Today and Tomorrow》

호기심으로 똘똘 뭉친 소년

훗날 자동차 왕으로 불린 포드는 미국 미시건 주 웨인에서 태어났습니다. 그는 어려서부터 호기심이 많았고, 관찰력이 매우 뛰어나 관심이 있는 사물을 보면 그냥 지나치는 법이 없었다고 합니다.

6세 때에는 이런 일이 있었습니다. 가마솥에서 물이 끓는 것을 보고 의문이 생긴 그는 깡통에 물을 가득 넣고 구멍을 꼭 막은 다음, 활활 타오르는 불 위에 깡통을 올려놓았습니다.

'과연 어떤 일이 일어날까?'

어린 포드는 불 위에 있는 깡통을 뚫어져라 바라보았습니다. 그리고 얼마 후 "펑!" 하는 소리와 함께 깡통이 튀어 오르더니 포드의 머리에 상처를 냈습니다. 어린 포드는 깜짝 놀랐습니다. 하지만 상처를 입었다는 것보다는 호기심이 채워졌다는 것 때문에 기쁨을 느꼈습니다.

포드의 호기심은 끝이 없었습니다. 12세 때 마차를 타고 집으로 돌아오던 그는 우연히 말도 없이 연기를 내뿜으며 달리는 수레를 보았습니다. 당시 새로 만들어진 증기 자동차였습니다. 하지만 포드에게는 너무도 생소한 것이었습니다. 포드는 앞뒤 가리지도 않고 무작적 그 앞으로 뛰어 들어가 두 팔을 쳐들었습니다. 자동차가 놀라서 급정거를 하고 멈췄습니다. 그러자 포드는 자동차 운전자가 고래고래 소리 지르는 것도 아랑곳하지 않고 처음 보는 수레를 이리저리 살피며 중얼거렸습니다.

"어, 이상하네. 말도 없는데, 어떻게 수레가 움직인 걸까?."

이렇듯 그의 호기심은 그 바닥을 알 수 없는 샘 같았습니다. 그리고 잘 모르는 것이 있으면 알 때까지 끈질기게 물고 늘어졌습니다.

미쳐야 꿈을 이룬다

포드는 15세 때 학업을 포기하고 기계공이 되었습니다. 그때부터 그는 자신의 손으로 직접 자동차를 만들겠다는 꿈을 꾸기 시작했습니다. 그는 낮엔 회사 일을 하고, 밤엔 자동차 만드는 일에 몰두했습니다. 매일 밤마다 뚱땅거리고 요란을 떠는 통에 마을 사람들의 항의를 받기도 했습니다. 하지만 포드는 개의치 않고 자신의 일에 몰두했고, 결국에 지친 건 마을 사람들이었습니다. 그 때문에 마을에는 그가 미쳤다는 소문이 돌기도 했습니다. 그 정도로 포드는 자동차 만드는 일에 빠져 있었던 겁니다.

포드는 가솔린으로 가는 자동차를 만들려고 했습니다. 그런 그의 꿈을 아는 사람들은 모두 포드를 비웃었습니다. 하지만 포드는 자신의 일만 바라봤습니다. 그리고 마침내 꿈을 이뤘습니다. 그는 자신이 만든 가솔린 자동차를 가지고 디트로이트에서 열린 자동차 경주대회에 나갔습니다. 경주에서 우승을 하면 많은 사람들의 관심을 끌 수 있었기 때문이었습니다. 결과는 우승이었습니다. 다른 자동차가 따라오지 못할 정도의 놀라운 속도를 냈던 것입니다.

자동차 시대를 열다

포드는 1903년 동업자와 함께 자본금 10만 달러로 자동차 회사를 설립하고, 본격적인 자동차 생산에 들어갔습니다. 그리고 1908년 세계 최초로 대량 생산에 의한 자동차 'T형 포드'를 세상에 내놓았습니다. 그것은 마치 혁명과도 같은 반향을 일으켰습니다. 이제 세상은 말과 사람이 끌던 수레에서 이제 바퀴만으로 가는 자동차로 바뀌게 된 것입니다.

포드는 타고난 경영자였습니다. 회사를 경영하는 데 있어 합리적이고 체계적인 경영방식을 채택해 기획과 조직, 관리에 있어 탁월한 성과를 이루어냈던 것입니다. 특히 대량 생산을 위한 조립라인 방식의 채택은 놀라운 혁신이었습니다. 최저 임금 일급 5달러에 1일 8시간 근무를 채택하는 등 근로자의 처우 개선에 힘쓴 것이나, 가격을 인하하는 대신 판매량을 늘려 생산성을 높이는 전략을 쓴 것이나 모두 그가 경영자로서의 뛰어난 실력을 보여준 증거라 하겠습니다. 결국 포드의 포드 자동차는 미국 최대의 자동차 회사로 군림하며 미국 경제를 끌어올리는 데 큰 기여를 하게 됩니다. 그래서 세상은 그에게 '자동차 왕'이라는 명예로운 칭호를 주었습니다.

자신이 하고자 하는 일은 반드시 해내고야 마는 강한 의지의
소유자였던 포드에게는 그 의지가 존재하는 한 불가능이란 없
었던 것입니다.

포드's 생각의 노트

포드는 새로운 아이디어로 무장하기 위해 늘 탐구하고 노력했습니다. 새로운 자동차를 개발했고, 새로운 경영 방식을 고안해냈으며, 또 새로운 판매 방식을 추진했습니다. 도전하지 않으면 더 이상의 발전은 이룰 수 없는 것입니다. 그것은 인생을 포기하는 것과 다르지 않습니다. 고인 물은 썩기 마련입니다.

포드는 분명 훌륭한 발명가이자 경영자였습니다. 하지만 그 속에는 사람을 중요시하는 철학이 있었습니다. 그가 누구든 간에 진심으로 대하는 따뜻한 인간애를 지녔던 것입니다. 이런 그의 인간성은 사람들에게 감동을 주었고, 사람들로부터 존경받는 이유가 되었습니다.

포드는 자신을 관리하는 데 매우 엄격했습니다. 대개의 사람들은 자신에게 관대하고 타인에게 엄격한 편입니다. 그러나 그는 그 반대였습니다. 타인의 실수는 너그럽게 봐주면서도 자신의 잘못은 몇 번이고 곱씹어 생각하고 반성했던 것입니다. 먼저 자신에게 엄격해지시기 바랍니다. 그러면 그들이 자연스럽게 여러분을 따를 것입니다.

영원한 어린이들의 친구

월트 E. 디즈니 Walt Elias Disney (1901~1966)
미국의 만화 제작자, 만화가
주요 작품 : 《미키마우스 Mickey Mouse》,《백설공주와 일곱 난쟁이 Snow White and
the Seven Dwarfs》,《판타지아 Fantagia》,《메리 포핀스 Mary Poppins》

생쥐와 친구하다

디즈니의 아버지는 목수이자 농부였습니다. 넷째 아들로 태어난 그는 아버지가 사업에 실패했기 때문에 농사일을 거들며 어린 시절을 보내야만 했습니다. 책 대신 쟁기를 들게 하는 아버지 밑에서 어머니와 형의 위로를 받으며 힘겨운 나날을 보냈던 것입니다.

하지만 디즈니에게는 한 가지 낙이 있었습니다. 바로 그림을 그리는 것이었습니다. 디즈니는 틈만 나면 석탄조각으로 농장의 가축들을 그렸습니다. 그중에서도 그가 가장 좋아했던 것은 생쥐였습니다. 남들이 징그럽게 피하는 새까만 생쥐가 그에게는 귀여운 친구였던 것입니다. 어떤 때는 손가락이 아프도록 생쥐를 그리기도 했습니다.

디즈니는 생쥐를 그리면서 무한한 상상을 하곤 했습니다. 때문에 변변한 그림도구 하나 없었지만, 그림을 그릴 때만큼은 환상 같은 시간을 보낼 수 있었습니다. 그리고 마크 트웨인과 디킨스의 책을 즐겨 읽으며 만화가로서의 꿈을 조용히 키워나가기 시작했습니다.

쥐가 성공으로 이끌다

디즈니는 스케치 실력이 매우 뛰어난 청년으로 자라났습니다. 그래서 광고 대행사에서 일하면서 영화 간판부터 카다로그를 위한 그림들을 그리며 영화 제작에 관한 기초 기술을 익혔습니다. 시간이 흐르면서 디즈니는 만화영화에 대해 관심을 갖기 시작했습니다. 그의 눈에는 단순한 만화가 아니라 구체적으로 움직이는 만화의 영상이 그려졌습니다. 그것은 감정의 표현을 자연스럽게 하고, 마치 살아 있는 듯 움직이는 생동감 넘치는 영상이었습니다. 디즈니는 머릿속으로 상상되는 이미지를 위해 칼 루츠가 쓴 만화 입문서를 탐독했습니다. 그리고 인간과 짐승의 동작에 대해 연구하기 시작했고, 낡은 카메라를 빌려 밤마다 창고에 틀어박혀 카메라 작동법을 익혔습니다. 디즈니의 만화영화에 대한 열정은 집착에 가까울 정도였습니다.

1922년 디즈니는 '래프 오 그램'이라는 정식 회사를 설립하고, 단편 만화영화를 제작했습니다. 새로운 주인공을 내세우지 않고 '금발의 미녀'와 '곰 세 마리' 같은 동화에서 소재를 찾았습니다. 하지만 그의 피나는 노력에도 불구하고 결과는 너무도 참담했습니다. 하지만 그대로 포기할 수는 없었습니다. 형이 있는 할리우드로 가서 형 로이 디즈니와 '디즈니 브라더스'라는 애니메이션 스튜디오를 차린 후 첫 작품으로 《행운의 토끼 오스월드 Oswald the Lucky Rabbit》를 만들었습니다. 유니버설사를 통해 배급한 이 작품은 큰 성공을 거두었습니다.

디즈니느 곧이어 다음에 내놓을 캐릭터를 구상하기 시작했습니다. 그러던 어느 날 밤늦게 일하는 그의 앞에 생쥐 한 마리가 얼쩡거리는 것이 눈에 띄었습니다. 그 순간 어린 시절 즐겨 그렸던 생쥐 스케치들이 그의 머릿속을 스쳐 지나갔습니다.

"바로 이거야!"

그렇게 해서 세상에 나온 것이 저 유명한 '미키마우스'였던 것입니다. 디즈니의 미키마우스는 전 세계 어린이뿐만 아니라 어른들까지도 매료시켰습니다. 순간의 아이디어가 그에게 엄청난 명예와 부를 가져다준 것입니다. 이는 독창적인 창의력이 얼마나 많은 부가가치를 지니고 있는지 보여준 증거라 할 수 있습니다.

진정한 가치를 추구하는 것이 프로다

디즈니가 만든 수많은 만화영화는 전 세계적으로 인기리에 상영되었고, 전 세계 어린이들로부터 사랑을 받았습니다. 그런데 그가 만든 60여 개의 캐릭터는 어린 시절 그가 즐겨 그렸던 동물들에게서 아이디어를 찾은 것들이었습니다. 어릴 적부터 남다른 관찰력을 가지고 있었고, 여기에 부단한 노력을 가미했기 때문에 가능했던 일이었습니다.

디즈니가 그린 캐릭터는 민화영화는 물론 의류와 문구류, 시계, 목걸이, 신발 등 다양한 분야에서 사용되었고, 지금도 변함

없이 사랑받고 있습니다.

　때로는 그런 그를 향해 비난을 쏟아 붓는 사람들도 있었습니다. 순진한 아이들을 대상으로 돈벌이를 하고 있다고 말입니다. 디즈니는 그런 사람들에게 이렇게 말했습니다.

　"나는 돈을 벌기 위해 영화를 만드는 것이 아니라, 영화를 만들기 위해 돈을 버는 것이다."

　그에게 돈은 목적이 아니었습니다. 꿈과 희망을 줄 수 있는 만화영화를 만드는 것이 그의 진정한 목표였던 것입니다. 그리고 마침내 만화영화를 단순한 오락이 아닌 예술적 가치를 지닌 장르로 승격시켰습니다. 진정한 프로는 돈을 추구하는 것에 있지 않습니다. 그것이 지니고 있는 가치를 볼 수 있을 때 진정한 프로가 되는 것입니다. 그런 의미에서 디즈니는 진정한 프로였습니다. 그래서 아직까지도 그는 여전히 어린이들의 위대한 친구로 남아 있는 것입니다.

디즈니's 생각의 노트

　디즈니가 세계 굴지의 영화사를 만들 수 있었던 것은 부모로부터 많은 재산을 물려받았기 때문이 아니었습니다. 바로 그에게는 남과 다른 생각과 남이 보지 않는 세계를 보는 눈이 있었던 것입니다. 현재 '미키마우스'를 비롯한 60여 개의 캐릭터가 소유한 부가가치는 제대로 환산하기조차 어려울 정도입니다. 이처럼 창의력은 손에 잡히지는 않지만, 무한한 가능성을 가진 지적 재산입니다. 지금 현재 여러분의 재산은 돈이 아닙니다. 어른들은 할 수 없는 독특한 개성과 창의력이 바로 여러분의 재산인 것입니다.

　디즈니는 자신이 원하는 일, 꿈꾸는 일을 했을 뿐입니다. 그러자 돈과 명예가 저절로 따라왔던 것입니다. 돈을 좇는 사람은 돈을 가지게 될지는 모르지만 돈의 노예가 되고 맙니다. 돈이 삶의 목표가 되어서는 안 됩니다. 돈은 그저 사는 데 조금 덜 힘들게 하는 것에 지나지 않습니다. 열심히 하십시오. 그러면 부는 저절로 따라오게 되어 있습니다.

자동차 신화의 주인공

리 A. 아이아코카 Lido Anthony Iacocca (1924~)
미국 기업인, 크라이슬러 자동차 CEO
주요 저서 : 자서전《아이아코카 Iacocca》

넌 이탈리아 촌놈이야

무너져가는 크라이슬러 자동차 회사로 자동차 신화를 이룬 아이아코카는 이태리 이민 가정의 아들로 태어났습니다. 다정한 아버지와 상냥한 어머니 사이에서 그는 평화로운 어린 시정을 보냈습니다.

아이아코카와 그의 누나는 자상한 아버지 덕분에 자신을 특별한 존재로 느끼며 자라났습니다. 또 그의 아버지는 자녀들에게 공부하라고 강요하지도 않았습니다. 하지만 무조건적으로

방임한 것은 아니었습니다. 그의 아버지는 자유롭고 여유로운 가운데서도 삶의 원칙을 강조하는 사람이었던 것이었습니다. 그 원칙이란 자신의 수입보다 많은 돈을 써서는 안 된다, 또 카드는 절대로 사용하지 않는다는 등의 소박한 것들이었습니다. 아이아코카는 아버지의 이런 가르침의 영향으로 경제적으로 계획하는 삶을 배워나갔던 것입니다.

아이아코카는 아버지에게 아주 중요한 것을 또 하나 배우게 됩니다. 즉, 대인과의 관계에 있어 친절함과 배려하는 마음을 가져야 한다는 것이었습니다. 때문에 그는 항상 남을 배려하는 성격의 소유자로 자라났습니다. 그리고 절대 포기하지 않는 사내로 자랐습니다.

한 번은 이런 일도 있었습니다. 학창시절 아이아코카가 선도부 선거에 나섰을 때였습니다. 그때 반 아이들은 교묘한 조작을 통해 그가 선거에서 패하게 했습니다. 선생님도 그것을 잘 알고 있었지만 오히려 아이아코카에게 결과를 받아들이라고 종용했습니다. 이탈리아의 피가 흐른다는 이유만으로 인종차별을 당한 것이었습니다. 하지만 그는 분노하기보다, 좌절하기보다 더욱 노력하는 것을 선택했습니다. 더 열심히 공부했고, 더 열심히 노력했습니다. 그래서 선생님들의 사랑을 독차지하고야 말았습니다. 이런 그의 성격은 훗날 그가 포드 자동차의 사장으로, 크라이슬러 자동차의 회장으로서 재계를 이끄는 마이더스가 되게 했습니다.

판매에도 법칙이 있다

자동차 임대업을 하고 있던 아버지 덕분에 아이아코카는 어렸을 때부터 자동차에 관심이 많았습니다. 리하이 공대에 들어가 산업공학을 배운 후 다시 명문 프린스턴 대학교 장학생으로 선발되어 기계공학을 공부한 것도 다 자동차에 대한 관심 때문이었습니다.

1945년 그는 그토록 꿈꾸었던 포드 자동차 회사에 엔지니어로 입사를 했습니다. 그런데 엔지니어는 그의 적성에 맞지 않았습니다. 자동차 판매에 매력을 느끼게 된 것입니다. 그는 우여곡절 끝에 자동차 판매부 직원이 되었습니다.

그때 아이아코카는 자동차 판매는 절대적으로 판매 대리인의 능력에 있다는 것에 주목했습니다. 그들이 어떻게 하느냐에 따라 판매 실적이 결정된다고 생각했던 것입니다. 하지만 그 시절에는 그 점을 중요하게 생각하는 경영인들은 많지 않았습니다. 기껏해야 자동차를 판매하는 대리인쯤으로 여겼고, 때문에 그들을 업신여기기까지 했던 것입니다.

아이아코카는 판매 기법을 터득하기 위해 책을 읽고 선배들에게 경험을 배웠으며, 도움이 될 만한 것은 무엇이든 가리지 않고 자신의 것으로 만들었습니다. 옷 입는 법, 말하는 법에도 신경을 쓰며 자신을 엄격히 관리했습니다. 남들과 차별을 두는 그의 판매 전략은 매우 유효했습니다. 그것은 그에게 세상을 날 수 있는 날개를 달아준 격이었습니다. 그의 영업 실적은 타의 추종을 불허했습니다. 젊은 나이에 지구의 지점장으로 승진한 것도 결코 우연이 아니었습니다.

당시 포드사의 부사장은 로버트 맥나마라였는데 그는 아이아코카의 새로운 판매 방식을 눈여겨보고 있었습니다. 그리고 신임하기에 이르렀습니다. 이에 힘을 얻은 아이아코카는 1956년형 포드 자동차의 판매 부진을 만회하기 위한 '56년형을 위한 56달러 기획' 이란 기발한 판매 전략을 세웠고, 그것의 성공으로 그는 워싱턴 D. C 구역의 지배인으로 승진했습니다.

그는 판매에 고도의 전략이 필요하다는 것을 알았습니다. 그리고 전략은 한꺼번에 놀라운 실적을 거둔다는 것도 알았습니다. 그리고 타사와 차별화되는 자동차의 성능, 디자인 등이 자동차의 판매 실적을 높인다는 사실을 발견했습니다. 그는 총지배인으로 승진한 후 이러한 자신의 계획을 실행에 옮길 기회를 엿보았습니다. 그리하여 포드사 사장인 헨리 포드의 신임을 한 몸에 받으며 자신의 역량을 실현시켜나간 끝에 46세란 젊은 나이에 마침내 포드자동차의 사장이 되었습니다.

경험을 발판으로 신화를 쓰다

그런데 뜻하지 않은 일이 일어났습니다. 승승장구하며 미국인들을 놀라게 한 그가 그토록 믿고 따랐던 포드 2세로부터 일방적인 해고 통지를 받고 8년 만에 사장 자리에서 쫓겨나는 신세로 전락하고 만 것입니다. 수모였습니다. 그는 포드의 배신에 분노했습니다. 자신이 살아온 길을 되짚어가며 회의를 느꼈습니다.

하지만 그에게는 경험으로 축적된 새로운 판매 기법과 경영 기법이 있었습니다. 또 그간 이룩해놓은 돈과 명예도 있었습니다. 그가 마음만 먹기만 하면 그 어떤 회사에도 갈 수 있었습니다. 그러나 그는 32년 동안이나 몸담았던 자동차 일을 잊을 수가 없었습니다. 그때였습니다. 마침 극심한 위기에 빠져 있던 크라이슬러 자동차의 경영주가 그에게 경영을 맡아달라고 손을 내민 것이었습니다. 그는 조금도 주저하지 않았습니다.

아이아코카는 크라이슬러의 사장이 된 지 얼마 안 있어 회사에 많은 문제가 있다는 것을 발견했습니다. 불필요한 부서와 그로 인한 불필요한 인력이 너무 많아 업무의 신속성을 떨어뜨렸다는 것, 예산 낭비로 재정이 고갈되었다는 것, 감독이 제대로 이루어지지 않아 업무의 효율성이 떨어졌다는 것, 근로자들이 나태하고 의욕이 상실돼 있다는 것, 모든 잘못은 상대방으로 돌리는 등 자기반성의 결여에 있다는 것 등이었습니다.

아이아코카는 이에 대해 신속하게 대처했습니다. 그리고 얼마 안 돼 모든 문제점을 깔끔하게 처리해버렸습니다. 그 다음에는 곤두박질쳤던 회사의 신용을 철저하게 지켜나갔습니다. 그 결과 크라이슬러의 사장이 된 첫해에 무려 418, 812대라는 판매 실적을 올렸습니다. 즉, 경영의 귀재라는 찬사를 받으며 화려하게 재기에 성공한 것입니다.

아아아코카는 남과 같이 해서는 남 이상 될 수 없다는 삶의 원칙을 보여준 도전적이고 실천적인 인물이자, 미국인들이 가장 존경하는 전문 경영인으로서 언제나 기억되고 있습니다.

아이아코카's 생각의 노트

아이아코카가 성공적인 인생이 될 수 있었던 것은 남과 다른 경영 마인드를 가지고 있었기 때문이었습니다. 남들과 같이 해서는 남들과 같은 정도밖에 될 수 없다는 것을 잘 알고 있었던 것입니다. 그리고 이런 생각을 바탕으로 도전했고, 열정적으로 실행했던 것입니다.

보통 사람들은 배신을 당하면 원망과 분노로 한 세월을 보내곤 합니다. 그것이 자신을 좀먹고, 인생을 낭비하는 것인 줄도 모르는 채 말입니다. 하지만 아이아코카는 원망하고 삶을 포기하는 대신 새로운 삶을 개척했습니다. 그리고 마침내 재기에 성공했습니다. 꿈은 포기하는 자에게는 미소를 보여주지 않습니다. 포기하지 마십시오. 더 힘차게 앞으로 나아가십시오.

아이아코카는 늘 생각했고, 그 생각을 바탕으로 행동하는 실천했습니다. 어떤 사람은 생각보다 말을 먼저 하기도 합니다. 자신이 할 수 있는 것인지 없는 것인지도 생각해보기도 전에 호언장담부터 해대는 것입니다. 그것은 신뢰를 잃게 되는 지름길입니다. 말하기 전에, 행동하기 전에 한 번만 더 생각해보십시오. 그것이 여러분을 신뢰할 수 있는 사람으로 만들 것입니다.

열린 경영의 귀재

빌 게이츠 Bill Gates (1955~)
미국 마이크로소프트사 CEO
주요 활동 : '베이직(BASIC)' 개발, 운영체제 '윈도우즈' 시리즈 출시

컴퓨터, 소년의 마음을 사로잡다

큰 키에 약간은 구부정한 어깨, 안경 너머로 순하게만 보이는 눈을 한 사람이 있습니다. 그는 최근 11년 동안이나 미국 최고의 부자이자 세계 최고의 부자로 손꼽혔습니다. 바로 마이크로소프트사의 최고 경영자인 빌 게이츠 회장입니다.

그를 처음 본 사람들은 그의 검소하면서도 평범해 보이는 인상에 놀라곤 합니다. 세계 굴지 기업의 창업주이자 컴퓨터 하나로 세계를 정복한 사람이라고는 보이지 않기 때문입니다. 그리고

이야기를 나누다 보면 또 한 번 크게 놀라곤 합니다. 평범한 얼굴 속에 감춰진 엄청난 에너지를 느끼게 되기 때문입니다.

게이츠는 1955년에 미국 워싱턴 주 시애틀에서 태어났습니다. 그가 컴퓨터와 인연을 맺은 것은, 1967년 레이크사이드에 입학하면서였습니다. 컴퓨터는 게이츠에게 새로운 세계를 경험하게 했습니다. 그때부터 그의 관심은 온통 컴퓨터에만 있었습니다. 친구이자 나중에 마이크로소프트사의 공동창업자가 된 P.앨런을 만난 것도 이때였습니다.

게이츠는 총명한 소년이었습니다. 그래서 1973년 세계 최고의 명문인 하버드 대학교 법학과에 입학했습니다. 그러나 딱딱하고 지루한 법률공부는 자유로운 사고와 독창성을 지닌 그의 성격과는 잘 맞지 않았습니다. 그는 자신의 진로에 대해 신중히 생각한 끝에 수학과로 옮겨 공부를 했습니다. 하지만 수학 역시 그에게 잘 맞지 않았습니다. 그의 가슴속에는 오로지 컴퓨터만 자리하고 있었기 때문이었습니다.

대학을 다니던 중 게이츠는 앨런과 함께 최초의 소형 컴퓨터용 프로그램 언어인 '베이직(BASIC)'을 개발해냈습니다. 획기적인 개발이었습니다. 그는 이제 자신의 열정과 자신의 가능성을 믿기로 했습니다. 결국 대학을 중퇴하고 친구 앨런과 함께 뉴멕시코 주 앨버커키에서 마이크로소프트사를 설립했습니다.

그의 가슴속엔 늘 뜨거운 열망의 피가 흐르고 있었습니다. 그의 열망은 세계 제일의 컴퓨터 회사를 만드는 것이었습니다. 그는 온 정열을 다 바쳐 밤낮으로 새로운 아이템을 찾고, 그 아이템을 성공적으로 이끌어내기 위해 안간힘을 다 했습니다.

"삶은 원하는 대로 이루어진다."

그는 이 신념을 단 한 번도 그의 가슴으로부터 떠나보낸 적이 없었습니다. 그런 그에게 지금의 마이크로소프트사를 만드는 데 기틀이 된 중요한 의뢰가 들어왔습니다. 바로 당시 세계 최대의 컴퓨터 회사인 IBM사가 이 열정적인 청년들에게 퍼스널컴퓨터에 사용할 운영체제 프로그램의 개발을 의뢰했던 것입니다. 결과는 성공이었습니다. 그것은 자신의 신념을 굳게 믿었기 때문에 가능한 일이었습니다.

아이디어만이 살 길이다

게이츠의 경영방식은 매우 독특하고 독창적입니다. 그는 대개의 기업이 운영하는 일률적인 경영시스템에서 벗어나, 전 직원이 자신의 의견과 아이디어를 맘껏 발산할 수 있는, '셰어 포인트'라는 경영기법을 활용했습니다. 이는 자신의 아이템이나 의견을 회사 곳곳에 있는 백색 칠판에 자유롭게 쓰면 그와 동시에 자동으로 입력이 되어 빌 게이츠의 개인 컴퓨터로 보내지는 방식이었습니다.

게이츠는 사원들의 아이디어를 회사 경영에 즉각 반영했습니다. 이 방식은 전 직원에게 애사심을 갖게 해주었습니다. 자신의 아이디어가 회사를 만들어간다는 강한 자부심을 심어주었던 것입니다. 이 자부심은 다시 직원들을 더욱 열정적으로 일하게 만들었습니다. 그 결과 마이크로소프트사는 세계 최고, 세계 최대의 컴퓨터 회사가 되었고, 빌 게이츠는 가장 신뢰하고 닮고 싶은 CEO로 선정되었습니다.

게이츠는 자신이 번 돈을 제대로 쓸 줄 아는 사람입니다. 그는 컴퓨터의 발전을 위해서라면 그곳이 어디든 간에 천문학적인 돈을 아낌없이 후원하고 있습니다. 우리나라도 그의 후원금을 받은 국가 중 하나입니다.

또한 그는 빌 게이츠 재단을 설립해서 가난하고 소외받는 사람들을 후원하고 있습니다. 그는 직원 5만이 넘는 거대한 회사를 운영하면서도, 다양한 분야에 몸담고 자신의 열정을 바쳐 일하고 있는 것입니다. 이는 자신의 일에 대한 자긍심과 인간에 대한 애정이 있었기 때문에 가능한 일입니다. 11년째 미국 제일의 부자이자 세계 제일의 부자로 살아 있는 신화가 된 것은 바로 그 때문이었던 것입니다.

빌 게이츠's 생각의 노트

　게이츠의 목표가 세계 최고의 부자였던 것은 아닙니다. 다만 자신의 아이디어가 세상에 보탬이 되고, 자신이 만든 프로그램이 세상을 바꾸기를 원했던 것입니다. 지금 그는 자신이 소망한 대로 살고 있습니다. 간절히 원했고, 또 열심히 노력했기 때문입니다. 지레 포기해버린다면 아무것도 할 수 없습니다. 원하십시오. 그것도 아주 간절히…….

　게이츠는 자신만의 아이디어들이 제출한 열린 경영을 펼쳐 직원의 자발적으로 의견을 내게 했고, 좋은 아이템을 기업에 반영시켰던 것입니다. 세상에는 나보다 월등한 사람이 많다는 것을 인정하십시오. 그들이 책보다도 많은 것을 가르쳐줄 것입니다.

　게이츠는 가난한 사람들을 후원하는 것은 물론이고, 개발도상국가에 컴퓨터 발전 자금을 후원하고도 있습니다. 게이츠가 훌륭한 기업가라는 것은 단지 그가 회사 운영을 잘해서가 아니라, 진정으로 사람을 사랑할 줄 아는 따뜻한 인간애가 있기 때문입니다. 무릇 세상에서 성공한 사람치고 자신만을 위해 산 사람은 없습니다. 인간애를 가진 평화주의자가 세상을 지배하는 것입니다.

10대, 도전하라 네 꿈을 정복하라

초판 1쇄 인쇄   2007년 07월 20일
초판 1쇄 발행   2007년 07월 25일

지은이 김옥림
펴낸이 임종관
펴낸곳 미래북
신고번호 제302-2003-000326호
주 소 서울특별시 용산구 효창동 5-421호
전 화 02-738-1227
팩 스 02-738-1228
이메일 miraebook@hotmail.com

디자인 김왕기

ISBN 978-89-92289-06-1 03810

•책값은 뒤표지에 있습니다.
•저자와 협의하여 인지는 생략합니다.

행운은 마음의 준비가 있는 사람에게만 미소를 짓는다.

– 파스퇴르